Goethe | Clavigo

Johann Wolfgang Goethe

Clavigo

Ein Trauerspiel

Nachwort von Helmut Bachmaier

Reclam

RECLAMS UNIVERSAL-BIBLIOTHEK Nr. 14551

Gestaltung: Cornelia Feyll, Friedrich Forssman
Druck und Bindung: Esser printSolutions GmbH,
Untere Sonnenstraße 5, 84030 Ergolding
Printed in Germany 2024

ISBN 978-3-15-014551-7

Auch als E-Book erhältlich

www.reclam.de

Clavigo

Ein Trauerspiel

Personen

CLAVIGO, Archivarius des Königs
CARLOS, dessen Freund
BEAUMARCHAIS
MARIE BEAUMARCHAIS
SOPHIE GUILBERT, geborne Beaumarchais
GUILBERT, ihr Mann
BUENCO
SAINT GEORGE

Der Schauplatz ist zu Madrid.

Erster Akt

Clavigos Wohnung.
Clavigo. Carlos.

CLAVIGO *(vom Schreibtisch aufstehend).* Das Blatt wird eine gute Wirkung tun, es muss alle Weiber bezaubern. Sag mir, Carlos, glaubst du nicht, dass meine Wochenschrift jetzt eine der ersten in Europa ist?

CARLOS. Wir Spanier wenigstens haben keinen neuern Autor, der so viel Stärke des Gedankens, so viel blühende Einbildungskraft mit einem so glänzenden und leichten Stil verbände.

CLAVIGO. Lass mich. Ich muss unter dem Volke noch der Schöpfer des guten Geschmacks werden. Die Menschen sind willig, allerlei Eindrücke anzunehmen; ich habe einen Ruhm, ein Zutrauen unter meinen Mitbürgern; und, unter uns gesagt, meine Kenntnisse breiten sich täglich aus; meine Empfindungen erweitern sich, und mein Stil bildet sich immer wahrer und stärker.

CARLOS. Gut, Clavigo. Doch wenn du mir's nicht übelnehmen willst, so gefiel mir damals deine Schrift weit besser, als du sie noch zu Mariens Füßen schriebst, als noch das liebliche muntere Geschöpf auf dich Einfluss hatte. Ich weiß nicht, das Ganze hatte ein jugendlicheres, blühenderes Ansehen.

CLAVIGO. Es waren gute Zeiten, Carlos, die nun vorbei sind. Ich gestehe dir gern, ich schrieb damals mit offnerem Herzen; und wahr ist's, sie hatte viel Anteil an dem Beifall, den das Publikum mir gleich anfangs gewährte. Aber in der Länge, Carlos, man wird der Weiber gar bald satt; und warst du nicht der Erste, meinem Entschluss Beifall zu geben, als ich mir vornahm, sie zu verlassen?

CARLOS. Du wärst versauert. Sie sind gar zu einförmig. Nur, dünkt mich, wär's wieder Zeit, dass du dich nach einem neuen Plan umsähest, es ist doch auch nichts, wenn man so ganz auf'm Sand ist.

CLAVIGO. Mein Plan ist der Hof, und da gilt kein Feiern. Hab ich's für einen Fremden, der ohne Stand, ohne Namen, ohne Vermögen hierherkam, nicht weit genug gebracht! hier an einem Hofe! unter dem Gedräng von Menschen, wo es schwerhält, sich bemerken zu machen? Mir ist's so wohl, wenn ich den Weg ansehe, den ich zurückgelegt habe. Geliebt von den Ersten des Königreichs! geehrt durch meine Wissenschaften, meinen Rang! Archivarius des Königs! Carlos, das spornt mich alles; ich wäre nichts, wenn ich bliebe, was ich bin! Hinauf! Hinauf! Und da kostet's Mühe und List! Man braucht seinen ganzen Kopf; und die Weiber, die Weiber! Man vertändelt gar zu viel Zeit mit ihnen.

CARLOS. Narre, das ist deine Schuld. Ich kann nie ohne Weiber leben, und mich hindern sie an gar nichts. Auch sag ich ihnen nicht so viel schöne Sachen, röste mich nicht monatelang an Sentiments und dergleichen; wie ich denn mit honetten Mädchen am ungernsten zu tun habe. Ausgered't hat man bald mit ihnen; hernach schleppt man sich eine Zeitlang herum, und kaum sind sie ein bisschen warm bei einem, hat sie der Teufel gleich mit Heiratsgedanken und Heiratsvorschlägen, die ich fürchte wie die Pest. Du bist nachdenkend, Clavigo?

CLAVIGO. Ich kann die Erinnerung nicht loswerden, dass

ich Marien verlassen – hintergangen habe, nenn's, wie du willst.

CARLOS. Wunderlich! Mich dünkt doch, man lebt nur einmal in der Welt, hat nur einmal diese Kräfte, diese Aussichten, und wer sie nicht zum Besten braucht, wer sich nicht so weit treibt als möglich, ist ein Tor. Und heiraten! heiraten just zur Zeit, da das Leben erst recht in Schwung kommen soll! sich häuslich niederlassen, sich einschränken, da man noch die Hälfte seiner Wanderung nicht zurückgelegt, die Hälfte seiner Eroberungen noch nicht gemacht hat! Dass du sie liebtest, das war natürlich; dass du ihr die Ehe versprachst, war eine Narrheit, und wenn du Wort gehalten hättest, wär's gar Raserei gewesen.

CLAVIGO. Sieh, ich begreife den Menschen nicht. Ich liebte sie wahrlich, sie zog mich an, sie hielt mich, und wie ich zu ihren Füßen saß, schwur ich ihr, schwur ich mir, dass es ewig so sein sollte, dass ich der Ihrige sein wollte, sobald ich ein Amt hätte, einen Stand – Und nun, Carlos!

CARLOS. Es wird noch Zeit genug sein, wenn du ein gemachter Mann bist, wenn du das gewünschte Ziel erreicht hast, dass du alsdann, um all dein Glück zu krönen und zu befestigen, dich mit einem angesehenen und reichen Hause durch eine kluge Heirat zu verbinden suchst.

CLAVIGO. Sie ist verschwunden! glatt aus meinem Herzen verschwunden, und wenn mir ihr Unglück nicht manchmal durch den Kopf führe – Dass man so veränderlich ist!

CARLOS. Wenn man beständig wäre, wollt' ich mich verwundern. Sieh doch, verändert sich nicht alles in der Welt? Warum sollten unsere Leidenschaften bleiben? Sei du ruhig, sie ist nicht das erste verlassne Mädchen, und nicht das erste, das sich getröstet hat. Wenn ich dir raten soll, da ist die junge Witwe gegenüber –

CLAVIGO. Du weißt, ich halte nicht viel auf solche Vorschläge. Ein Roman, der nicht ganz von selbst kommt, ist nicht imstande, mich einzunehmen.

CARLOS. Über die delikaten Leute!

CLAVIGO. Lass das gut sein, und vergiss nicht, dass unser Hauptwerk gegenwärtig sein muss, uns dem neuen Minister notwendig zu machen. Dass Whal das Gouvernement von Indien niederlegt, ist immer beschwerlich für uns. Zwar ist mir's weiter nicht bange; sein Einfluss bleibt – Grimaldi und er sind Freunde, und wir können schwatzen und uns bücken –

CARLOS. Und denken und tun, was wir wollen.

CLAVIGO. Das ist die Hauptsache in der Welt. *(Schellt dem Bedienten.)* Tragt das Blatt in die Druckerei.

CARLOS. Sieht man Euch den Abend?

CLAVIGO. Nicht wohl. Nachfragen könnt Ihr ja.

CARLOS. Ich möchte heut Abend gar zu gern was unternehmen, das mir das Herz erfreute; ich muss diesen ganzen Nachmittag wieder schreiben. Das endigt nicht.

CLAVIGO. Lass es gut sein. Wenn wir nicht für so viele Leute arbeiteten, wären wir so viel Leuten nicht über den Kopf gewachsen. *(Ab.)*

Guilberts Wohnung.
Sophie Guilbert. Marie Beaumarchais. Don Buenco.

BUENCO. Sie haben eine üble Nacht gehabt?

SOPHIE. Ich sagt's ihr gestern Abend. Sie war so ausgelassen lustig und hat geschwatzt bis eilfe, da war sie erhitzt, konnte nicht schlafen, und nun hat sie wieder keinen Atem und weint den ganzen Morgen.

MARIE. Dass unser Bruder nicht kommt! Es sind zwei Tage über die Zeit.

SOPHIE. Nur Geduld, er bleibt nicht aus.

MARIE *(aufstehend)*. Wie begierig bin ich, diesen Bruder zu sehen, meinen Richter und meinen Retter. Ich erinnre mich seiner kaum.

SOPHIE. O ja, ich kann mir ihn noch wohl vorstellen; er war ein feuriger, offner, braver Knabe von dreizehn Jahren, als uns unser Vater hierherschickte.

MARIE. Eine edle große Seele. Sie haben den Brief gelesen, den er schrieb, als er mein Unglück erfuhr. Jeder Buchstabe davon steht in meinem Herzen. »Wenn du schuldig bist«, schreibt er, »so erwarte keine Vergebung; über dein Elend soll noch die Verachtung eines Bruders auf dir schwer werden, und der Fluch eines Vaters. Bist du unschuldig! O dann alle Rache, alle, alle glühende Rache auf den Verräter!« – Ich zittere! Er wird kommen. Ich zittere, nicht für mich, ich stehe vor Gott in meiner Unschuld. Ihr müsst, meine Freunde – Ich weiß nicht, was ich will! O Clavigo!

SOPHIE. Du hörst nicht! du wirst dich umbringen.

MARIE. Ich will stille sein! Ja ich will nicht weinen. Mich dünkt auch, ich hätte keine Tränen mehr! Und warum Tränen? Es ist mir nur leid, dass ich euch das Leben sauer mache. Denn im Grunde, worüber beklag ich mich? Ich habe viel Freude gehabt, solang unser alter Freund noch lebte. Clavigos Liebe hat mir viel Freude gemacht, vielleicht mehr als ihm die meinige. Und nun – was ist's nun weiter? Was ist an mir gelegen? an einem Mädchen gelegen, ob ihm das Herz bricht? ob es sich verzehrt und sein armes junges Leben ausquält?

BUENCO. Um Gottes willen, Mademoiselle!

MARIE. Ob's ihm wohl einerlei ist – dass er mich nicht mehr liebt? Ach warum bin ich nicht mehr liebenswürdig? – Aber bedauern, bedauern sollt' er mich! dass die Arme, der er sich so notwendig gemacht hatte, nun ohne ihn ihr Leben hinschleichen, hinjammern soll. – Bedauern! Ich mag nicht von dem Menschen bedauert sein.

SOPHIE. Wenn ich dich ihn könnte verachten lehren, den Nichtswürdigen! den Hassenswürdigen!

MARIE. Nein, Schwester! ein Nichtswürdiger ist er nicht; und muss ich denn den verachten, den ich hasse? – Hassen! Ja manchmal kann ich ihn hassen! manchmal, wenn der spanische Geist über mich kommt. Neulich, o neulich, als wir ihm begegneten, sein Anblick wirkte volle, warme Liebe auf mich! und wie ich wieder nach Hause kam und mir sein Betragen auffiel und der ruhige, kalte Blick, den er über mich herwarf an der Seite der glänzenden Donna: da ward ich Spanierin in meinem Herzen, und griff nach meinem Dolch, und nahm Gift zu mir, und verkleidete mich. Ihr erstaunt, Buenco? Alles in Gedanken, versteht sich.

SOPHIE. Närrisches Mädchen.

MARIE. Meine Einbildungskraft führte mich ihm nach, ich sah ihn, wie er zu den Füßen seiner neuen Geliebten alle die Freundlichkeit, alle die Demut verschwendete, mit der er mich vergiftet hat – ich zielte nach dem Herzen des Verräters! Ach Buenco! – Auf einmal war das gutherzige französische Mädchen wieder da, das keine Liebestränke kennt, und keine Dolche zur Rache. Wir sind übel dran! Vaudevilles, unsere Liebhaber zu unterhalten, Fächer, sie zu bestrafen, und wenn sie untreu sind? – Sag, Schwester, wie machen sie's in Frankreich, wenn die Liebhaber untreu sind?

SOPHIE. Man verwünscht sie.

MARIE. Und?

SOPHIE. Und lässt sie laufen.

MARIE. Laufen! Nun und warum soll ich Clavigo nicht laufen lassen? Wenn das in Frankreich Mode ist, warum soll's nicht in Spanien sein? Warum soll eine Französin in Spanien nicht Französin sein? Wir wollen ihn laufen lassen und uns einen andern nehmen; mich dünkt, sie machen's bei uns auch so.

BUENCO. Er hat eine feierliche Zusage gebrochen, und keinen leichtsinnigen Roman, kein gesellschaftliches Attachement. Mademoiselle, Sie sind bis ins innerste Herz beleidigt, gekränkt. O mir ist mein Stand, dass ich ein unbedeutender ruhiger Bürger von Madrid bin, nie so beschwerlich, nie so ängstlich gewesen als jetzt, da ich mich so schwach, so unvermögend fühle, Ihnen gegen den falschen Höfling Gerechtigkeit zu schaffen!

MARIE. Wie er noch Clavigo war, noch nicht Archivarius des Königs, wie er der Fremdling, der Ankömmling, der Neueingeführte in unserm Hause war, wie liebenswürdig war er, wie gut! Wie schien all sein Ehrgeiz, all sein Aufstreben ein Kind seiner Liebe zu sein! Für mich rang er nach Namen, Stand, Gütern: er hat's, und ich! – –

(Guilbert kommt.)

GUILBERT *(heimlich zu seiner Frau)*. Der Bruder kommt.

MARIE. Der Bruder! – *(Sie zittert, man führt sie in einen Sessel.)* Wo? wo? Bringt mir ihn! Bringt mich hin! *(Beaumarchais kommt.)*

BEAUMARCHAIS. Meine Schwester! *(Von der ältesten weg, nach der jüngsten zustürzend.)* Meine Schwester! meine Freunde! O Schwester!

MARIE. Bist du da? Gott sei Dank, du bist da!

BEAUMARCHAIS. Lass mich zu mir selbst kommen.

MARIE. Mein Herz, mein armes Herz!

SOPHIE. Beruhigt euch! Lieber Bruder, ich hoffte, dich gelassener zu sehn.

BEAUMARCHAIS. Gelassener! Seid ihr denn gelassen? Seh ich nicht an der zerstörten Gestalt dieser Lieben, an deinen verweinten Augen, deiner Blässe des Kummers, an dem toten Stillschweigen eurer Freunde, dass ihr so elend seid, wie ich mir euch den ganzen langen Weg vorgestellt habe? Und elender – denn ich seh euch, ich hab euch in meinen Armen, die Gegenwart verdoppelt meine Gefühle, o meine Schwester!

SOPHIE. Und unser Vater!

BEAUMARCHAIS. Er segnet euch und mich, wenn ich euch rette.

BUENCO. Mein Herr, erlauben Sie einem Unbekannten, der den edlen braven Mann in Ihnen beim ersten Anblick erkennt, seinen innigsten Anteil an Tag zu legen, den er bei dieser ganzen Sache empfindet. Mein Herr! Sie machen diese ungeheure Reise, Ihre Schwester zu retten, zu rächen. Willkommen! sei'n Sie willkommen wie ein Engel, ob Sie uns alle gleich beschämen!

BEAUMARCHAIS. Ich hoffte, mein Herr, in Spanien solche Herzen zu finden, wie das Ihre ist; das hat mich angespornt, den Schritt zu tun. Nirgend, nirgend in der Welt mangelt es an teilnehmenden beistimmenden Seelen; wenn nur einer auftritt, dessen Umstände ihm völlige Freiheit lassen, all seiner Entschlossenheit zu folgen. Und oh, meine Freunde, ich habe das hoffnungsvolle Gefühl! überall gibt's treffliche Menschen unter den Mächtigen und Großen, und das Ohr der Majestät ist selten taub; nur ist unsere Stimme meist zu schwach, bis dahinauf zu reichen.

SOPHIE. Kommt, Schwester! Kommt! Legt Euch einen Augenblick nieder. Sie ist ganz außer sich. *(Sie führen sie weg.)*

MARIE. Mein Bruder!

BEAUMARCHAIS. Will's Gott, du bist unschuldig, und dann alle, alle Rache über den Verräter. *(Marie, Sophie ab.)* Mein Bruder! Meine Freunde! ich seh's an euern Blicken, dass ihr's seid. Lasst mich zu mir selbst kommen. Und dann! Eine reine unparteiische Erzählung der ganzen Geschichte. Die soll meine Handlungen bestimmen. Das Gefühl einer guten Sache soll meinen Entschluss befestigen; und glaubt mir, wenn wir recht haben, werden wir Gerechtigkeit finden.

Zweiter Akt

Das Haus des Clavigo.

CLAVIGO. Wer die Franzosen sein mögen, die sich bei mir haben melden lassen? – Franzosen! Sonst war mir diese Nation willkommen! – Und warum nicht jetzt? Es ist wunderbar, ein Mensch, der sich über so vieles hinaussetzt, wird doch an einer Ecke mit Zwirnsfäden angebunden. – Weg! – Und wär' ich Marien mehr schuldig als mir selbst? und ist's eine Pflicht, mich unglücklich zu machen, weil mich ein Mädchen liebt?

(Ein Bedienter.)

BEDIENTER. Die Fremden, mein Herr.

CLAVIGO. Führe sie herein. Du sagtest doch ihrem Bedienten, dass ich sie zum Frühstück erwarte?

BEDIENTER. Wie Sie befahlen.

CLAVIGO. Ich bin gleich wieder hier. *(Ab.)*

(Beaumarchais. Saint George.
Der Bediente setzt ihnen Stühle und geht.)

BEAUMARCHAIS. Es ist mir so leicht! so wohl! mein Freund, dass ich endlich hier bin, dass ich ihn habe; er soll mir nicht entwischen. Sei'n Sie ruhig; wenigstens zeigen Sie ihm die gelassenste Außenseite. Meine Schwester! meine Schwester! Wer glaubte, dass du so unschuldig als unglücklich bist? Es soll an den Tag kommen, du sollst auf das grimmigste gerächt werden. Und du, guter Gott, erhalte mir die Ruhe der Seele, die du mir in diesem Augenblicke gewährest, dass ich mit aller Mäßigung in dem entsetzlichen Schmerz und so klug handle als möglich.

SAINT GEORGE. Ja diese Klugheit, alles, mein Freund, was Sie jemals von Überlegung bewiesen haben, nehm ich in Anspruch. Sagen Sie mir's zu, mein Bester, noch einmal, dass Sie bedenken, wo Sie sind. In einem fremden Königreiche, wo alle Ihre Beschützer, wo all Ihr Geld nicht imstande ist, Sie gegen die geheimen Maschinen nichtswürdiger Feinde zu sichern.

BEAUMARCHAIS. Sei'n Sie ruhig. Spielen Sie Ihre Rolle gut, er soll nicht wissen, mit welchem von uns beiden er's zu tun hat. Ich will ihn martern. O ich bin gutes Humors genug, um den Kerl an einem langsamen Feuer zu braten.

(Clavigo kommt wieder.)

CLAVIGO. Meine Herren, es ist mir eine Freude, Männer von einer Nation bei mir zu sehen, die ich immer geschätzt habe.

BEAUMARCHAIS. Mein Herr, ich wünsche, dass auch wir der Ehre würdig sein mögen, die Sie unsern Landsleuten anzutun belieben.

SAINT GEORGE. Das Vergnügen, Sie kennenzulernen, hat bei uns die Bedenklichkeit überwunden, dass wir beschwerlich sein könnten.

CLAVIGO. Personen, die der erste Anblick empfiehlt, sollten die Bescheidenheit nicht so weit treiben.

BEAUMARCHAIS. Freilich kann Ihnen nicht fremd sein, von Unbekannten besucht zu werden, da Sie durch die Vortrefflichkeit Ihrer Schriften sich ebenso sehr in auswärtigen Reichen bekannt gemacht haben, als die ansehnlichen Ämter, die Ihro Majestät Ihnen anvertrauen, Sie in Ihrem Vaterlande distinguieren.

CLAVIGO. Der König hat viel Gnade für meine geringen

Dienste, und das Publikum viel Nachsicht für die unbedeutenden Versuche meiner Feder; ich wünschte, dass ich einigermaßen etwas zu der Verbesserung des Geschmackes in meinem Lande, zur Ausbreitung der Wissenschaften beitragen könnte. Denn sie sind's allein, die uns mit andern Nationen verbinden, sie sind's, die aus den entferntesten Geistern Freunde machen und die angenehmste Vereinigung unter denen selbst erhalten, die leider durch Staatsverhältnisse öfters getrennt werden.

BEAUMARCHAIS. Es ist entzückend, einen Mann so reden zu hören, der gleichen Einfluss auf den Staat und auf die Wissenschaften hat. Auch muss ich gestehen, Sie haben mir das Wort aus dem Munde genommen und mich geradeswegs auf das Anliegen gebracht, um dessen willen Sie mich hier sehen. Eine Gesellschaft gelehrter würdiger Männer hat mir den Auftrag gegeben, an jedem Orte, wo ich durchreiste und Gelegenheit fände, einen Briefwechsel zwischen ihnen und den besten Köpfen des Königreichs zu stiften. Wie nun kein Spanier besser schreibt als der Verfasser der Blätter, die unter dem Namen »Der Denker« so bekannt sind, ein Mann, mit dem ich die Ehre habe zu reden –

CLAVIGO *(macht eine verbindliche Beugung).*

BEAUMARCHAIS. Und der eine besondere Zierde der Gelehrten ist, indem er gewusst hat, mit seinen Talenten einen solchen Grad von Weltklugheit zu verbinden; dem es nicht fehlen kann, die glänzenden Stufen zu besteigen, deren ihn sein Charakter und seine Kenntnisse würdig machen: ich glaube, meinen Freunden keinen angenehmern Dienst leisten zu können, als wenn ich sie mit einem solchen Manne verbinde.

CLAVIGO. Kein Vorschlag in der Welt konnte mir erwünschter sein, meine Herren: ich sehe dadurch die angenehmsten Hoffnungen erfüllt, mit denen sich mein Herz oft ohne Aussicht einer glücklichen Gewährung beschäftigte. Nicht dass ich glaubte, durch meinen Briefwechsel den Wünschen Ihrer gelehrten Freunde genug tun zu können; so weit geht meine Eitelkeit nicht. Aber da ich das Glück habe, dass die besten Köpfe in Spanien mit mir zusammenhängen, da mir nichts unbekannt bleiben mag, was in unserm weiten Reiche von einzelnen, oft verborgenen Männern für die Wissenschaften, für die Künste getan wird: so sahe ich mich bisher als einen Kolporteur an, der das geringe Verdienst hat, die Erfindungen anderer gemeinnützig zu machen; nun aber werd ich durch Ihre Dazwischenkunft zum Handelsmann, der das Glück hat, durch Umsetzung der einheimischen Produkte den Ruhm seines Vaterlandes auszubreiten und darüber es noch mit fremden Schätzen zu bereichern. Und so erlauben Sie, mein Herr, dass ich einen Mann, der mit solcher Freimütigkeit eine so angenehme Botschaft bringt, nicht wie einen Fremden behandle; erlauben Sie, dass ich frage, was für ein Geschäft, was für ein Anliegen Sie diesen weiten Weg geführt hat? Nicht, als wollt' ich durch diese Indiskretion eine eitle Neugierde befriedigen; nein, glauben Sie vielmehr, dass es in der reinsten Absicht geschieht, alle Kräfte, allen Einfluss, den ich etwa haben mag, für Sie zu verwenden: denn ich sage Ihnen zum Voraus, Sie sind an einen Ort gekommen, wo sich einem Fremden zu Ausführung seiner Geschäfte, besonders bei Hofe, unzählige Schwierigkeiten entgegensetzen.

BEAUMARCHAIS. Ich nehme ein so gefälliges Anerbieten mit allem Dank an. Ich habe keine Geheimnisse für Sie, mein Herr, und dieser Freund wird bei meiner Erzählung nicht zu viel sein; er ist sattsam von dem unterrichtet, was ich Ihnen zu sagen habe.

CLAVIGO *(betrachtet Saint George mit Aufmerksamkeit)*.

BEAUMARCHAIS. Ein französischer Kaufmann, der bei einer starken Anzahl von Kindern wenig Vermögen besaß, hatte viel Korrespondenten in Spanien. Einer der reichsten kam vor funfzehn Jahren nach Paris und tat ihm den Vorschlag: »Gebt mir zwei von Euern Töchtern, ich nehme sie mit nach Madrid und versorge sie. Ich bin ledig, bejahrt, ohne Verwandte, sie werden das Glück meiner alten Tage machen, und nach meinem Tode hinterlass ich ihnen eine der ansehnlichsten Handlungen in Spanien.«

Man vertraute ihm die älteste und eine der jüngsten Schwestern. Der Vater übernahm, das Haus mit allen französischen Waren zu versehn, die man verlangen würde, und so hatte alles ein gutes Ansehn, bis der Korrespondent mit Tode abging, ohne die Französinnen im Geringsten zu bedenken, die sich dann in dem beschwerlichen Falle sahen, allein einer neuen Handlung vorzustehen.

Die Älteste hatte indessen geheiratet, und unerachtet des geringen Zustandes ihrer Glücksgüter erhielten sie sich durch gute Aufführung und durch die Annehmlichkeit ihres Geistes eine Menge Freunde, die sich wechselsweise beeiferten, ihren Kredit und ihre Geschäfte zu erweitern.

CLAVIGO *(wird immer aufmerksamer)*.

BEAUMARCHAIS. Ungefähr um eben diese Zeit hatte sich ein junger Mensch, von den Kanarischen Inseln bürtig, in dem Hause vorstellen lassen.

CLAVIGO *(verliert alle Munterkeit aus seinem Gesicht, und sein Ernst geht nach und nach in eine Verlegenheit über, die immer sichtbarer wird).*

BEAUMARCHAIS. Ungeachtet seines geringen Standes und Vermögens nimmt man ihn gefällig auf. Die Frauenzimmer, die eine große Begierde zur französischen Sprache an ihm bemerkten, erleichtern ihm alle Mittel, sich in weniger Zeit große Kenntnisse zu erwerben.

Voll von Begierde, sich einen Namen zu machen, fällt er auf den Gedanken, der Stadt Madrid das seiner Nation noch unbekannte Vergnügen einer Wochenschrift im Geschmack des englischen »Zuschauers« zu geben. Seine Freundinnen lassen es nicht ermangeln, ihm auf alle Art beizustehn; man zweifelt nicht, dass ein solches Unternehmen großen Beifall finden würde; genug, ermuntert durch die Hoffnung, nun bald ein Mensch von einiger Bedeutung werden zu können, wagt er es, der Jüngsten einen Heiratsvorschlag zu tun.

Man gibt ihm Hoffnung. »Sucht Euer Glück zu machen«, sagt die Älteste, »und wenn Euch ein Amt, die Gunst des Hofes oder irgend sonst ein Mittel ein Recht wird gegeben haben, an meine Schwester zu denken, wenn sie Euch dann andern Freiern vorzieht, kann ich Euch meine Einwilligung nicht versagen.«

CLAVIGO *(bewegt sich in höchster Verwirrung auf seinem Sessel).*

BEAUMARCHAIS. Die Jüngste schlägt verschiedene ansehnliche Partien aus; ihre Neigung gegen den Menschen nimmt zu und hilft ihr, die Sorge einer ungewissen Erwartung zu tragen; sie interessiert sich für sein Glück, wie für ihr eigenes, und ermuntert ihn, das erste Blatt seiner Wochenschrift zu geben, das unter einem vielversprechenden Titel erscheint.

CLAVIGO *(ist in der entsetzlichsten Verlegenheit).*

BEAUMARCHAIS *(ganz kalt).* Das Werk macht ein erstaunendes Glück; der König selbst, durch diese liebenswürdige Produktion ergetzt, gab dem Autor öffentliche Zeichen seiner Gnade. Man versprach ihm das erste ansehnliche Amt, das sich auftun würde. Von dem Augenblick an entfernt er alle Nebenbuhler von seiner Geliebten, indem er ganz öffentlich sich um sie bemühte. Die Heirat verzog sich nur in Erwartung der zugesagten Versorgung. – Endlich nach sechs Jahren Harrens, ununterbrochener Freundschaft, Beistands und Liebe vonseiten des Mädchens; nach sechs Jahren Ergebenheit, Dankbarkeit, Bemühungen, heiliger Versicherungen vonseiten des Mannes erscheint das Amt – und er verschwindet.

CLAVIGO *(es entfährt ihm ein tiefer Seufzer, den er zu verbergen sucht und ganz außer sich ist).*

BEAUMARCHAIS. Die Sache hatte zu großes Aufsehn gemacht, als dass man die Entwicklung sollte gleichgültig angesehen haben. Ein Haus für zwei Familien war gemietet. Die ganze Stadt sprach davon. Alle Freunde waren aufs höchste aufgebracht und suchten Rache. Man wendete sich an mächtige Gönner; allein der Nichtswürdige, der nun schon in die Kabalen des Hofs initiiert war, weiß alle Bemühungen fruchtlos zu machen und geht in seiner Insolenz so weit, dass er es wagt, den Unglücklichen zu drohen, wagt, denen Freunden, die sich zu ihm begeben, ins Gesicht zu sagen: die Französinnen sollten sich in Acht nehmen, er biete sie auf, ihm zu schaden, und wenn sie sich unterständen, etwas gegen ihn zu unternehmen, so wär's ihm ein Leichtes, sie in einem fremden Lande zu verderben, wo sie ohne Schutz und Hülfe seien.

Das arme Mädchen fiel auf die Nachricht in Konvulsionen, die ihr den Tod drohten. In der Tiefe ihres Jammers schreibt die Älteste nach Frankreich die offenbare Beschimpfung, die ihnen angetan worden. Die Nachricht bewegt ihren Bruder aufs schrecklichste, er verlangt seinen Abschied, um in so einer verwirrten Sache selbst Rat und Hülfe zu schaffen, er ist im Fluge von Paris zu Madrid, und der Bruder – bin ich; der alles verlassen hat, Vaterland, Pflichten, Familie, Stand, Vergnügen, um in Spanien eine unschuldige unglückliche Schwester zu rächen.

Ich komme bewaffnet mit der besten Sache und aller Entschlossenheit, einen Verräter zu entlarven, mit blutigen Zügen seine Seele auf sein Gesicht zu zeichnen, und der Verräter – bist du!

CLAVIGO. Hören Sie mich, mein Herr – Ich bin – Ich habe – Ich zweifle nicht –

BEAUMARCHAIS. Unterbrechen Sie mich nicht. Sie haben mir nichts zu sagen und viel von mir zu hören.

Nun, um einen Anfang zu machen, sei'n Sie so gütig, vor diesem Herrn, der express mit mir aus Frankreich gekommen ist, zu erklären: ob meine Schwester durch irgendeine Treulosigkeit, Leichtsinn, Schwachheit, Unart oder sonst einen Fehler diese öffentliche Beschimpfung um Sie verdient habe.

CLAVIGO. Nein, mein Herr. Ihre Schwester, Donna Maria, ist ein Frauenzimmer voll Geist, Liebenswürdigkeit und Tugend.

BEAUMARCHAIS. Hat sie Ihnen jemals seit Ihrem Umgange eine Gelegenheit gegeben, sich über sie zu beklagen, oder sie geringer zu achten?

CLAVIGO. Nie! Niemals!

BEAUMARCHAIS *(aufstehend)*. Und warum, Ungeheuer! hattest du die Grausamkeit, das Mädchen zu Tode zu quälen? Nur weil dich ihr Herz zehn andern vorzog, die alle rechtschaffener und reicher waren als du.

CLAVIGO. O mein Herr! Wenn Sie wüssten, wie ich verhetzt worden bin, wie ich durch mancherlei Ratgeber und Umstände –

BEAUMARCHAIS. Genug! *(Zu Saint George.)* Sie haben die Rechtfertigung meiner Schwester gehört; gehn Sie und breiten Sie es aus. Was ich dem Herrn weiter zu sagen habe, braucht keine Zeugen.

(Clavigo steht auf. Saint George geht.)

BEAUMARCHAIS. Bleiben Sie! Bleiben Sie! *(Beide setzen sich wieder.)* Da wir nun so weit sind, will ich Ihnen einen Vorschlag tun, den Sie hoffentlich billigen werden. Es ist Ihre Konvenienz und meine, dass Sie Marien nicht heiraten, und Sie fühlen wohl, dass ich nicht gekommen bin, den Komödienbruder zu machen, der den Roman entwickeln und seiner Schwester einen Mann schaffen will. Sie haben ein ehrliches Mädchen mit kaltem Blute beschimpft, weil Sie glaubten, in einem fremden Lande sei sie ohne Beistand und Rächer. So handelt ein Niederträchtiger, ein Nichtswürdiger. Und also, zuvörderst erklären Sie eigenhändig, freiwillig, bei offenen Türen, in

Gegenwart Ihrer Bedienten: dass Sie ein abscheulicher Mensch sind, der meine Schwester betrogen, verraten, sie ohne die mindeste Ursache erniedrigt hat; und mit dieser Erklärung geh ich nach Aranjuez, wo sich unser Gesandter aufhält, ich zeige sie, ich lasse sie drucken, und übermorgen ist der Hof und die Stadt davon überschwemmt. Ich habe mächtige Freunde hier, habe Zeit und Geld, und das alles wend ich an, um Sie auf alle Weise aufs grausamste zu verfolgen, bis der Zorn meiner Schwester sich legt, befriedigt ist und sie mir selbst Einhalt tut.

CLAVIGO. Ich tue diese Erklärung nicht.

BEAUMARCHAIS. Das glaub ich, denn vielleicht tät' ich sie an Ihrer Stelle ebenso wenig. Aber hier ist das andere: Schreiben Sie nicht, so bleib ich von diesem Augenblick bei Ihnen, ich verlasse Sie nicht, ich folge Ihnen überall hin, bis Sie, einer solchen Gesellschaft überdrüssig, hinter Buenretiro meiner loszuwerden gesucht haben. Bin ich glücklicher als Sie: ohne den Gesandten zu sehn, ohne mit einem Menschen hier gesprochen zu haben, fass ich meine sterbende Schwester in meine Arme, hebe sie in den Wagen und kehre mit ihr nach Frankreich zurück. Begünstigt Sie das Schicksal, so hab ich das Meine getan, und so lachen Sie denn auf unsere Kosten. Unterdessen das Frühstück!

(Beaumarchais zieht die Schelle. Ein Bedienter bringt die Schokolade. Beaumarchais nimmt seine Tasse und geht in der anstoßenden Galerie spazieren, die Gemälde betrachtend.)

CLAVIGO. Luft! Luft! – Das hat dich überrascht, angepackt wie einen Knaben – Wo bist du, Clavigo? Wie willst du das enden? – Ein schrecklicher Zustand, in den dich deine Torheit, deine Verräterei gestürzt hat! *(Er greift nach dem Degen auf dem Tische.)* Ha! Kurz und gut! – *(Lässt ihn liegen.)* – Und da wäre kein Weg, kein Mittel, als Tod – oder Mord? abscheulicher Mord! – Das unglückliche Mädchen ihres letzten Trostes, ihres einzigen Beistandes zu berauben, ihres Bruders! – Des edeln, braven Menschen Blut sehen! – Und so den doppelten, unerträglichen Fluch einer vernichteten Familie auf dich zu laden! – O das war die Aussicht nicht, als das liebenswürdige Geschöpf dich die ersten Stunden ihrer Bekanntschaft mit so viel Reizen anzog! Und da du sie verließest, sahst du nicht die grässlichen Folgen deiner Schandtat! – Welche Seligkeit wartete dein in ihren Armen! in der Freundschaft solch eines Bruders! – Marie! Marie! O dass du vergeben könntest! dass ich zu deinen Füßen das alles abweinen dürfte! – Und warum nicht? – Mein Herz geht mir über; meine Seele geht mir auf in Hoffnung! – Mein Herr!

BEAUMARCHAIS. Was beschließen Sie?

CLAVIGO. Hören Sie mich! Mein Betragen gegen Ihre Schwester ist nicht zu entschuldigen. Die Eitelkeit hat mich verführt. Ich fürchtete, meine Plane, meine Aussichten auf ein ruhmvolles Leben durch diese Heirat zugrunde zu richten. Hätte ich wissen können, dass sie so einen Bruder habe, sie würde in meinen Augen keine unbedeutende Fremde gewesen sein; ich würde die ansehnlichsten Vorteile von dieser Verbindung gehofft haben. Sie erfüllen mich, mein Herr, mit der größesten Hochachtung für Sie; und indem Sie mir auf diese Weise mein Unrecht lebhaft empfinden machen, flößen Sie mir eine Begierde ein, eine Kraft, alles wiedergutzumachen.

Ich werfe mich zu Ihren Füßen! Helfen Sie! Helfen Sie, wenn's möglich ist, meine Schuld austilgen und das Unglück endigen. Geben Sie mir Ihre Schwester wieder, mein Herr, geben Sie mich ihr! Wie glücklich wär' ich, von Ihrer Hand eine Gattin und die Vergebung aller meiner Fehler zu erhalten.

BEAUMARCHAIS. Es ist zu spät! Meine Schwester liebt Sie nicht mehr, und ich verabscheue Sie. Schreiben Sie die verlangte Erklärung, das ist alles, was ich von Ihnen fordere, und überlassen Sie mir die Sorgfalt einer ausgesuchten Rache.

CLAVIGO. Ihre Hartnäckigkeit ist weder gerecht noch klug. Ich gebe Ihnen zu, dass es hier nicht auf mich ankommt, ob ich eine so sehr verschlimmerte Sache wiedergutmachen will. – Ob ich sie gutmachen kann? das hängt von dem Herzen Ihrer vortrefflichen Schwester ab, ob sie einen Elenden wieder ansehen mag, der nicht verdient, das Tageslicht zu sehen. Allein Ihre Pflicht ist's, mein Herr, das zu prüfen und darnach sich zu betragen, wenn Ihr Schritt nicht einer jugendlichen unbesonnenen Hitze ähnlichsehen soll. Wenn Donna Maria unbeweglich ist; o ich kenne das Herz! o ihre Güte, ihre himmlische Seele schwebt mir ganz lebhaft vor! Wenn sie unerbittlich ist, dann ist es Zeit, mein Herr.

BEAUMARCHAIS. Ich bestehe auf der Erklärung.

CLAVIGO *(nach dem Tisch zu gehend)*. Und wenn ich nach dem Degen greife?

BEAUMARCHAIS *(gehend)*. Gut, mein Herr! Schön, mein Herr!

CLAVIGO *(ihn zurückhaltend)*. Noch ein Wort. Sie haben die gute Sache; lassen Sie mich die Klugheit für Sie haben. Bedenken Sie, was Sie tun. Auf beide Fälle sind wir alle unwiederbringlich verloren. Müsst' ich nicht für Schmerz, für Beängstigung untergehn, wenn Ihr Blut meinen Degen färben sollte, wenn ich Marien noch über all ihr Unglück auch ihren Bruder raubte, und dann – der Mörder des Clavigo würde die Pyrenäen nicht zurückmessen.

BEAUMARCHAIS. Die Erklärung, mein Herr, die Erklärung!

CLAVIGO. So sei's denn. Ich will alles tun, um Sie von der aufrichtigen Gesinnung zu überzeugen, die mir Ihre Gegenwart einflößt. Ich will die Erklärung schreiben, ich will sie schreiben aus Ihrem Munde. Nur versprechen Sie mir, nicht eher Gebrauch davon zu machen, bis ich imstande gewesen bin, Donna Maria von meinem geänderten, reuevollen Herzen zu überzeugen; bis ich mit Ihrer Ältesten ein Wort gesprochen, bis diese ihr gütiges Fürwort bei meiner Geliebten eingelegt hat. So lange, mein Herr.

BEAUMARCHAIS. Ich gehe nach Aranjuez.

CLAVIGO. Gut denn, bis Sie wiederkommen, so lange bleibt die Erklärung in Ihrem Portefeuille; hab ich meine Vergebung nicht, so lassen Sie Ihrer Rache vollen Lauf. Dieser Vorschlag ist gerecht, anständig, klug, und wenn Sie nicht wollen, so sei's denn unter uns beiden um Leben und Tod gespielt. Und der das Opfer seiner Übereilung wird, sind immer Sie und Ihre arme Schwester.

BEAUMARCHAIS. Es steht Ihnen an, die zu bedauern, die Sie unglücklich gemacht haben.

CLAVIGO *(sich setzend)*. Sind Sie das zufrieden?

BEAUMARCHAIS. Gut denn, ich gebe nach! Aber keinen Augenblick länger. Ich komme von Aranjuez, ich frage, ich höre! Und hat man Ihnen nicht vergeben, wie ich denn hoffe, wie ich's wünsche! gleich auf, und mit dem Zettel in die Druckerei.

CLAVIGO *(nimmt Papier)*. Wie verlangen Sie's?

BEAUMARCHAIS. Mein Herr! in Gegenwart Ihrer Bedienten.

CLAVIGO. Wozu das?

BEAUMARCHAIS. Befehlen Sie nur, dass sie in der anstoßenden Galerie gegenwärtig sind. Man soll nicht sagen, dass ich Sie gezwungen habe.

CLAVIGO. Welche Bedenklichkeiten!

BEAUMARCHAIS. Ich bin in Spanien, und habe mit Ihnen zu tun.

CLAVIGO. Nun denn! *(Klingelt. Ein Bedienter.)* Ruft meine Leute zusammen und begebt euch auf die Galerie herbei. *(Der Bediente geht, die übrigen kommen und besetzen die Galerie.)*

CLAVIGO. Sie überlassen mir, die Erklärung zu schreiben.

BEAUMARCHAIS. Nein, mein Herr! Schreiben Sie, ich bitte, schreiben Sie, wie ich's Ihnen sage.

CLAVIGO *(schreibt)*.

BEAUMARCHAIS. »Ich Unterzeichneter, Joseph Clavigo, Archivarius des Königs –«

CLAVIGO. »– des Königs –«

BEAUMARCHAIS. »– bekenne, dass, nachdem ich in dem Hause der Madame Guilbert freundschaftlich aufgenommen worden« –

CLAVIGO. »– worden –«

BEAUMARCHAIS. »– ich Mademoiselle von Beaumarchais, ihre Schwester, durch hundertfältig wiederholte Heiratsversprechungen betrogen habe.« – Haben Sie's?

CLAVIGO. Mein Herr!

BEAUMARCHAIS. Haben Sie ein ander Wort dafür?

CLAVIGO. Ich dächte –

BEAUMARCHAIS. »– betrogen habe.« Was Sie getan haben, können Sie ja noch eher schreiben. – »Ich habe sie verlassen, ohne dass irgendein Fehler oder Schwachheit von ihrer Seite einen Vorwand oder Entschuldigung dieses Meineids veranlasset hätte.«

CLAVIGO. Nun!

BEAUMARCHAIS. »Im Gegenteil ist die Aufführung des Frauenzimmers immer rein, untadelig und aller Ehrfurcht würdig gewesen.«

CLAVIGO. »– würdig gewesen.«

BEAUMARCHAIS. »Ich bekenne, dass ich durch mein Betragen, den Leichtsinn meiner Reden, durch die Auslegung, der sie unterworfen waren, öffentlich dieses tugendhafte Frauenzimmer erniedrigt habe; weswegen ich sie um Vergebung bitte, ob ich mich gleich nicht wert achte, sie zu erhalten.«

CLAVIGO *(hält inne)*.

BEAUMARCHAIS. Schreiben Sie! Schreiben Sie! – »Welches Zeugnis ich mit freiem Willen und ungezwungen von mir gegeben habe, mit dem besondern Versprechen, dass, wenn diese Satisfaktion der Beleidigten nicht hinreichend sein sollte, ich bereit bin, sie auf alle andere erforderliche Weise zu geben. Madrid.«

CLAVIGO *(steht auf, winkt den Bedienten, sich wegzubegeben, und reicht ihm das Papier)*. Ich habe mit einem beleidigten, aber mit einem edeln Menschen zu tun. Sie halten Ihr Wort und schieben Ihre Rache auf. In dieser einzigen Rücksicht, in dieser Hoffnung hab ich das schimpfliche Papier von mir gestellt, wozu mich sonst nichts gebracht hätte. Aber ehe ich es wage, vor Donna Maria zu treten, hab ich beschlossen, jemanden den Auftrag zu geben, mir bei ihr das Wort zu reden, für mich zu sprechen – und der Mann sind Sie.

BEAUMARCHAIS. Bilden Sie sich das nicht ein.

CLAVIGO. Wenigstens sagen Sie ihr die bittere herzliche Reue, die Sie an mir gesehn haben. Das ist alles, alles, warum ich Sie bitte; schlagen Sie mir's nicht ab; ich müsste einen andern, weniger kräftigen Fürsprecher wählen, und Sie sind ihr ja eine treue Erzählung schuldig. Erzählen Sie ihr, wie Sie mich gefunden haben.

BEAUMARCHAIS. Gut, das kann ich, das will ich. Und so Adieu.

CLAVIGO. Leben Sie wohl! *(Er will seine Hand nehmen, Beaumarchais hält sie zurück.)*

CLAVIGO *(allein)*. So unerwartet aus einem Zustand in den andern. Man taumelt, man träumt! – Diese Erklärung, ich hätte sie nicht geben sollen. – Es kam so schnell, so unerwartet, als ein Donnerwetter.

(Carlos kommt.)

CARLOS. Was hast du für Besuch gehabt? Das ganze Haus ist in Bewegung; was gibt's?

CLAVIGO. Mariens Bruder.

CARLOS. Ich vermutet's. Der Hund von einem alten Bedienten, der sonst bei Guilberts war und der mir nun trätscht, weiß es schon seit gestern, dass man ihn erwartet habe, und trifft mich erst diesen Augenblick. Er war da?

CLAVIGO. Ein vortrefflicher Junge.

CARLOS. Den wollen wir bald los sein. Ich habe den Weg

über schon gesponnen! – Was hat's denn gegeben? Eine Ausforderung? eine Ehrenerklärung? War er fein hitzig, der Bursch?

CLAVIGO. Er verlangte eine Erklärung, dass seine Schwester mir keine Gelegenheit zur Veränderung gegeben.

CARLOS. Und du hast sie ausgestellt?

CLAVIGO. Ich hielt es fürs Beste.

CARLOS. Gut, sehr gut! Ist sonst nichts vorgefallen?

CLAVIGO. Er drang auf einen Zweikampf, oder die Erklärung.

CARLOS. Das Letzte war das Gescheitste. Wer wird sein Leben gegen einen so romantischen Fratzen wagen. Und forderte er das Papier ungestüm?

CLAVIGO. Er diktierte mir's, und ich musste die Bedienten in die Galerie rufen.

CARLOS. Ich versteh! Ah! nun hab ich dich, Herrchen! das bricht ihm den Hals. Heiß mich einen Schreiber, wenn ich den Buben nicht in zwei Tagen im Gefängnis habe, und mit dem nächsten Transport nach Indien.

CLAVIGO. Nein, Carlos. Die Sache steht anders, als du denkst.

CARLOS. Wie?

CLAVIGO. Ich hoffe, durch seine Vermittlung, durch mein eifriges Bestreben Verzeihung von der Unglücklichen zu erhalten.

CARLOS. Clavigo!

CLAVIGO. Ich hoff, all das Vergangene zu tilgen, das Zerrüttete wiederherzustellen und so in meinen Augen und in den Augen der Welt wieder zum ehrlichen Mann zu werden.

CARLOS. Zum Teufel, bist du kindisch geworden? Man

spürt dir doch immer an, dass du ein Gelehrter bist. – Dich so betören zu lassen! Siehst du nicht, dass das ein einfältig angelegter Plan ist, um dich ins Garn zu sprengen?

CLAVIGO. Nein, Carlos, er will die Heirat nicht; sie sind dagegen, sie will nichts von mir hören.

CARLOS. Das ist die rechte Höhe. Nein, guter Freund, nimm mir's nicht übel, ich hab wohl in Komödien gesehen, dass man einen Landjunker so geprellt hat.

CLAVIGO. Du beleidigst mich. Ich bitte, spare deinen Humor auf meine Hochzeit. Ich bin entschlossen, Marien zu heiraten, freiwillig, aus innerm Trieb. Meine ganze Hoffnung, meine ganze Glückseligkeit ruht auf dem Gedanken, ihre Vergebung zu erhalten. Und dann fahr hin, Stolz! An der Brust dieser Lieben liegt noch der Himmel wie vormals; aller Ruhm, den ich erwerbe, alle Größe, zu der ich mich erhebe, wird mich mit doppeltem Gefühl ausfüllen: denn das Mädchen teilt's mit mir, die mich zum doppelten Menschen macht. Leb wohl! ich muss hin! ich muss die Guilbert wenigstens sprechen.

CARLOS. Warte nur bis nach Tisch.

CLAVIGO. Keinen Augenblick. *(Ab.)*

CARLOS *(ihm nachsehend und eine Weile schweigend)*. Da macht wieder jemand einmal einen dummen Streich. *(Ab.)*

Dritter Akt

Guilberts Wohnung.
Sophie Guilbert. Marie Beaumarchais.

MARIE. Du hast ihn gesehen? Mir zittern alle Glieder! Du hast ihn gesehen? Ich war nah an einer Ohnmacht, als ich hörte, er käme, und du hast ihn gesehen? Nein, ich kann, ich werde, nein, ich kann ihn nie wieder sehn.

SOPHIE. Ich war außer mir, als er hereintrat; denn ach! liebt' ich ihn nicht, wie du, mit der vollsten, reinsten, schwesterlichsten Liebe? Hat mich nicht seine Entfernung gekränkt, gemartert? – und nun, den Rückkehrenden, den Reuigen zu meinen Füßen! – Schwester! es ist was Bezauberndes in seinem Anblick, in dem Ton seiner Stimme. Er –

MARIE. Nimmer, nimmermehr!

SOPHIE. Er ist noch der Alte, noch eben das gute, sanfte, fühlbare Herz, noch eben die Heftigkeit der Leidenschaft. Es ist noch eben die Begier, geliebt zu werden, und das ängstliche marternde Gefühl, wenn ihm Neigung versagt wird. Alles! Alles! Und von dir spricht er, Marie! wie in jenen glücklichen Tagen der feurigsten Leidenschaft; es ist, als wenn dein guter Geist diesen Zwischenraum von Untreu und Entfernung selbst veranlasst habe, um das Einförmige, Schleppende einer langen Bekanntschaft zu unterbrechen und dem Gefühl eine neue Lebhaftigkeit zu geben.

MARIE. Du redst ihm das Wort?

SOPHIE. Nein, Schwester; auch versprach ich's ihm nicht. Nur, meine Beste, seh ich die Sachen, wie sie sind. Du und der Bruder, ihr seht sie in einem allzu romantischen Lichte. Du hast das mit gar manchem guten Kinde gemein, dass dein Liebhaber treulos ward und dich verließ! und dass er wiederkommt, reuig seinen Fehler verbessern, alle alte Hoffnungen erneuern will – das ist ein Glück, das eine andere nicht leicht von sich stoßen würde.

MARIE. Mein Herz würde reißen!

SOPHIE. Ich glaube dir. Der erste Anblick muss auf dich eine empfindliche Wirkung machen – und dann, meine Beste, ich bitte dich, halt diese Bangigkeit, diese Verlegenheit, die dir alle Sinne zu übermeistern scheint, nicht für eine Wirkung des Hasses, für keinen Widerwillen. Dein Herz spricht mehr für ihn, als du es glaubst, und eben darum traust du dich nicht, ihn wiederzusehen, weil du seine Rückkehr so sehnlich wünschest.

MARIE. Sei barmherzig.

SOPHIE. Du sollst glücklich werden. Fühlt' ich, dass du ihn verachtetest, dass er dir gleichgültig wäre, so wollt' ich kein Wort weiter reden, so sollt' er mein Angesicht nicht mehr sehen. Doch so, meine Liebe – du wirst mir danken, dass ich dir geholfen habe, diese ängstliche Unbestimmtheit zu überwinden, die ein Zeichen der innigsten Liebe ist.

(Die Vorigen. Guilbert. Buenco.)

SOPHIE. Kommen Sie, Buenco! Guilbert, kommen Sie! Helft mir dieser Kleinen Mut einsprechen, Entschlossenheit, jetzt, da es gilt.

BUENCO. Ich wollte, dass ich sagen dürfte: Nehmt ihn nicht wieder an.

SOPHIE. Buenco!

BUENCO. Mein Herz wirft sich mir im Leib herum bei dem Gedanken: Er soll diesen Engel noch besitzen, den er so schändlich beleidigt, den er an das Grab geschleppt hat. Und besitzen? – warum? wodurch macht er das alles wieder gut, was er verbrochen hat? – Dass er wiederkehrt, dass ihm auf einmal beliebt, wiederzukehren und zu sagen: »Jetzt mag ich sie, jetzt will ich sie.« Just als wäre diese treffliche Seele eine verdächtige Ware, die man am Ende dem Käufer doch noch nachwirft, wenn er euch schon durch die niedrigsten Gebote und jüdisches Ab- und Zulaufen bis aufs Mark gequält hat. Nein, meine Stimme kriegt er nicht, und wenn Mariens Herz selbst für ihn spräche. – Wiederzukommen, und warum denn jetzt? – jetzt? – Musst' er warten, bis ein tapferer Bruder käme, dessen Rache er fürchten muss, um wie ein Schulknabe zu kommen und Abbitte zu tun? – Ha! er ist so feig, als er nichtswürdig ist!

GUILBERT. Ihr redet wie ein Spanier, und als wenn Ihr die Spanier nicht kenntet. Wir schweben diesen Augenblick in einer größern Gefahr, als ihr alle nicht seht.

MARIE. Bester Guilbert!

GUILBERT. Ich ehre die unternehmende Seele unsers Bruders, ich habe im Stillen seinem Heldengange zugesehen und wünsche, dass alles gut ausschlagen möge, wünsche, dass Marie sich entschließen könnte, Clavigo ihre Hand zu geben, denn – *(lächelnd)* ihr Herz hat er doch. –

MARIE. Ihr seid grausam.

SOPHIE. Hör ihn, ich bitte dich, hör ihn!

GUILBERT. Dein Bruder hat ihm eine Erklärung abgedrungen, die dich vor den Augen aller Welt rechtfertigen soll, und die wird uns verderben.

BUENCO. Wie?

MARIE. O Gott!

GUILBERT. Er stellte sie aus in der Hoffnung, dich zu bewegen. Bewegt er dich nicht, so muss er alles anwenden, um das Papier zu vernichten; er kann's, er wird's. Dein Bruder will es gleich nach seiner Rückkehr von Aranjuez drucken und ausstreuen. Ich fürchte, wenn du beharrest, er wird nicht zurückkehren.

SOPHIE. Lieber Guilbert.

MARIE. Ich vergehe!

GUILBERT. Clavigo kann das Papier nicht auskommen lassen. Verwirfst du seinen Antrag und er ist ein Mann von Ehre, so geht er deinem Bruder entgegen, und einer von beiden bleibt; dein Bruder sterbe oder siege, er ist verloren. Ein Fremder in Spanien! Mörder dieses geliebten Höflings! – Schwester, es ist ganz gut, dass man edel denkt und fühlt; nur, sich und die Seinigen zugrunde zu richten –

MARIE. Rate mir, Sophie, hilf mir!

GUILBERT. Und Buenco, widerlegen Sie mich.

BUENCO. Er wagt's nicht, er fürchtet für sein Leben; sonst hätt' er gar nicht geschrieben, sonst böt' er Marien seine Hand nicht an.

GUILBERT. Desto schlimmer; so findet er hundert, die ihm ihren Arm leihen, hundert, die unserm Bruder tückisch auf dem Wege das Leben rauben. Ha! Buenco, bist du so jung? Ein Hofmann sollte keinen Meuchelmörder im Solde haben?

BUENCO. Der König ist groß und gut.

GUILBERT. Auf denn! Durch alle die Mauern, die ihn umschließen, die Wachen, das Zeremoniell und alle das, womit die Hofschranzen ihn von seinem Volke geschieden haben, dringen Sie durch und retten Sie uns! – Wer kommt?

(Clavigo kommt.)

CLAVIGO. Ich muss! Ich muss!

MARIE *(tut einen Schrei und fällt Sophien in die Arme).*

SOPHIE. Grausamer! in welchen Zustand versetzen Sie uns! *(Guilbert und Buenco treten zu ihr.)*

CLAVIGO. Ja sie ist's! Sie ist's! Und ich bin Clavigo. – Hören Sie mich, Beste, wenn Sie mich nicht ansehen wollen. Zu der Zeit, da mich Guilbert mit Freundlichkeit in sein Haus aufnahm, da ich ein armer unbedeutender Junge war, da ich in meinem Herzen eine unüberwindliche Leidenschaft für Sie fühlte, war's da Verdienst an mir? Oder war's nicht vielmehr innere Übereinstimmung der Charaktere, geheime Zuneigung des Herzens, dass auch Sie für mich nicht unempfindlich blieben, dass ich nach einer Zeit mir schmeicheln konnte, dies Herz ganz zu besitzen? Und nun – bin ich nicht ebenderselbe? Warum sollt' ich nicht hoffen dürfen? Warum nicht bitten? Wollen Sie einen Freund, einen Geliebten, den Sie nach einer gefährlichen, unglücklichen Seereise lange für verloren geachtet, nicht wieder an Ihren Busen nehmen, wenn er unvermutet wiederkäme und sein gerettetes Leben zu Ihren Füßen legte? und habe ich weniger auf einem stürmischen Meere die Zeit geschwebet? Sind unsere Leidenschaften, mit denen wir in ewigem Streit leben, nicht schrecklicher, unbezwinglicher als jene Wellen, die den Unglücklichen fern von seinem Vaterlande verschlagen! Marie! Marie! Wie können Sie mich hassen, da ich nie aufgehört habe, Sie zu lieben? Mitten in allem Taumel, durch allen verführerischen Gesang der Eitelkeit und des Stolzes hab ich mich immer jener seligen unbefangenen Tage erinnert, die ich in glücklicher Einschränkung zu Ihren Füßen zubrachte, da wir eine Reihe von blühenden Aussichten vor uns liegen sahen. – Und nun, warum wollten Sie nicht mit mir alles erfüllen, was wir hofften? Wollen Sie das Glück des Lebens nun nicht ausgenießen, weil ein düsterer Zwischenraum sich unsern Hoffnungen eingeschoben hatte? Nein, meine Liebe, glauben Sie, die besten Freuden der Welt sind nicht ganz rein; die höchste Wonne wird auch durch unsere Leidenschaften, durch das Schicksal unterbrochen. Wollen wir uns beklagen, dass es uns gegangen ist wie allen andern, und wollen wir uns strafbar machen, indem wir diese Gelegenheit von uns stoßen, das Vergangene herzustellen, eine zerrüttete Familie wieder aufzurichten, die heldenmütige Tat eines edeln Bruders zu belohnen und unser eigen Glück auf ewig zu befestigen? – Meine Freunde, um die ich's nicht verdient habe, meine Freunde, die es sein müssen, weil Sie Freunde der Tugend sind, zu der ich rückkehre, verbinden Sie Ihr Flehen mit dem meinigen. Marie! *(Er wirft sich nieder.)* Marie! Kennst du meine Stimme nicht mehr? Vernimmst du nicht mehr den Ton meines Herzens? Marie! Marie!

MARIE. O Clavigo!

CLAVIGO *(springt auf und fasst ihre Hand mit entzückten Küssen)*. Sie vergibt mir, sie liebt mich! *(Umarmt den Guilbert, den Buenco.)* Sie liebt mich noch! O Marie, mein Herz sagt mir's! Ich hätte mich zu deinen Füßen werfen, stumm meinen Schmerz, meine Reue ausweinen wollen; du hättest mich ohne Worte verstanden, wie ich ohne Worte meine Vergebung erhalte. Nein, diese innige Verwandtschaft unserer Seelen ist nicht aufgehoben; nein, sie vernehmen einander noch wie ehemals, wo kein Laut, kein Wink nötig war, um die innersten Bewegungen sich mitzuteilen. Marie – Marie – Marie. – *(Beaumarchais tritt auf.)*

BEAUMARCHAIS. Ha!

CLAVIGO *(ihm entgegenfliegend).* Mein Bruder!

BEAUMARCHAIS. Du vergibst ihm?

MARIE. Lasst, lasst mich! meine Sinne vergehn. *(Man führt sie weg.)*

BEAUMARCHAIS. Sie hat ihm vergeben?

BUENCO. Es sieht so aus.

BEAUMARCHAIS. Du verdienst dein Glück nicht.

CLAVIGO. Glaube, dass ich's fühle.

SOPHIE *(kommt zurück).* Sie vergibt ihm. Ein Strom von Tränen brach aus ihren Augen. »Er soll sich entfernen«, rief sie schluchzend, »dass ich mich erhole! Ich vergeb ihm. – Ach Schwester!« rief sie und fiel mir um den Hals, »woher weiß er, dass ich ihn so liebe?«

CLAVIGO *(ihr die Hand küssend).* Ich bin der glücklichste Mensch unter der Sonne. Mein Bruder!

BEAUMARCHAIS *(umarmt ihn).* Von Herzen denn. Ob ich Euch schon sagen muss: noch kann ich Euch nicht lieben. Und somit seid Ihr der Unsrige, und vergessen sei alles! Das Papier, das Ihr mir gabt, hier ist's. *(Er nimmt's aus der Brieftasche, zerreißt es und gibt's ihm hin.)*

CLAVIGO. Ich bin der Eurige, ewig der Eurige.

SOPHIE. Ich bitte, entfernt Euch, dass sie Eure Stimme nicht hört, dass sie sich beruhigt.

CLAVIGO *(sie rings umarmend).* Lebt wohl! Lebt wohl! – Tausend Küsse dem Engel. *(Ab.)*

BEAUMARCHAIS. Es mag denn gut sein, ob ich gleich wünschte, es wäre anders. *(Lächelnd.)* Es ist doch ein gutherziges Geschöpf, so ein Mädchen – Und, meine Freunde, auch muss ich's sagen, es war ganz der Gedanke, der Wunsch unsers Gesandten, dass ihm Marie vergeben und dass eine glückliche Heirat diese verdrießliche Geschichte endigen möge.

GUILBERT. Mir ist auch wieder ganz wohl.

BUENCO. Er ist euer Schwager, und so Adieu! Ihr seht mich in eurem Hause nicht wieder.

BEAUMARCHAIS. Mein Herr!

GUILBERT. Buenco!

BUENCO. Ich hass ihn nun einmal bis ans Jüngste Gericht. Und gebt acht, mit was für einem Menschen ihr zu tun habt. *(Ab.)*

GUILBERT. Er ist ein melancholischer Unglücksvogel. Und mit der Zeit lässt er sich doch wieder bereden, wenn er sieht, es geht alles gut.

BEAUMARCHAIS. Doch war's übereilt, dass ich ihm das Papier zurückgab.

GUILBERT. Lasst! Lasst! Keine Grillen! *(Ab.)*

Vierter Akt

Clavigos Wohnung.

CARLOS *(allein).* Es ist löblich, dass man dem Menschen, der durch Verschwendung oder andere Torheiten zeigt, dass sein Verstand sich verschoben hat, von Amts wegen Vormünder setzt. Tut das die Obrigkeit, die sich doch sonst nicht viel um uns bekümmert, wie sollten wir's nicht an einem Freunde tun? Clavigo, du bist in übeln Zuständen! Noch hoff ich! Und wenn du nur noch halbweg lenksam bist, wie sonst, so ist's eben noch Zeit, dich vor einer Torheit zu bewahren, die bei deinem lebhaften empfindlichen Charakter das Elend deines Lebens machen und dich vor der Zeit ins Grab bringen muss. Er kommt. *(Clavigo nachdenkend.)*

CLAVIGO. Guten Tag, Carlos.

CARLOS. Ein schwermütiges, gepresstes: Guten Tag! Kommst du in *dem* Humor von deiner Braut?

CLAVIGO. Es ist ein Engel! Es sind vortreffliche Menschen!

CARLOS. Ihr werdet doch mit der Hochzeit nicht so sehr eilen, dass man sich noch ein Kleid dazu kann sticken lassen?

CLAVIGO. Scherz oder Ernst, bei unserer Hochzeit werden keine gestickten Kleider paradieren.

CARLOS. Ich glaub's wohl.

CLAVIGO. Das Vergnügen an uns selbst, die freundschaftliche Harmonie sollen der Prunk dieser Feierlichkeit sein.

CARLOS. Ihr werdet eine stille kleine Hochzeit machen?

CLAVIGO. Wie Menschen, die fühlen, dass ihr Glück ganz in ihnen selbst beruht.

CARLOS. In den Umständen ist es recht gut.

CLAVIGO. Umständen! Was meinst du mit den Umständen?

CARLOS. Wie die Sache nun steht und liegt und sich verhält.

CLAVIGO. Höre, Carlos, ich kann den Ton des Rückhalts an Freunden nicht ausstehen. Ich weiß, du bist nicht für diese Heirat; dem ungeachtet, wenn du etwas dagegen zu sagen hast, sagen willst: so sag's geradezu. Wie steht denn die Sache? wie verhält sie sich?

CARLOS. Es kommen einem im Leben mehr unerwartete wunderbare Dinge vor, und es wäre schlimm, wenn alles im Gleise ginge. Man hätte nichts, sich zu verwundern, nichts, die Köpfe zusammenzustoßen, nichts, in Gesellschaft zu verschneiden.

CLAVIGO. Aufsehn wird's machen.

CARLOS. Des Clavigo Hochzeit! das versteht sich. Wie manches Mädchen in Madrid harrt auf dich, hofft auf dich, und wenn du ihnen nun diesen Streich spielst?

CLAVIGO. Das ist nun nicht anders.

CARLOS. Sonderbar ist's. Ich habe wenig Männer gekannt, die so großen und allgemeinen Eindruck auf die Weiber machten als du. Unter allen Ständen gibt's gute Kinder, die sich mit Planen und Aussichten beschäftigen, dich habhaft zu werden. Die eine bringt ihre Schönheit in Anschlag, die ihren Reichtum, ihren Stand, ihren Witz, ihre Verwandte. Was macht man mir nicht um deinetwillen für Komplimente! Denn wahrlich, weder meine Stumpfnase, noch mein Krauskopf, noch meine bekannte Verachtung der Weiber kann mir so was zuziehen.

CLAVIGO. Du spottest.

CARLOS. Wenn ich nicht schon Vorschläge, Anträge in Händen gehabt hätte, geschrieben von eignen zärtlichen kritzlichen Pfötchen, so unorthographisch, als ein originaler Liebesbrief eines Mädchens nur sein kann. Wie manche hübsche Duenna ist mir bei der Gelegenheit unter die Finger gekommen!

CLAVIGO. Und du sagtest mir von allem dem nichts?

CARLOS. Weil ich dich mit leeren Grillen nicht beschäftigen wollte und niemals raten konnte, dass du mit einer Einzigen Ernst gemacht hättest. O Clavigo, ich habe dein Schicksal im Herzen getragen wie mein eignes! Ich habe keinen Freund als dich; die Menschen sind mir alle unerträglich, und du fängst auch an, mir unerträglich zu werden.

CLAVIGO. Ich bitte dich, sei ruhig.

CARLOS. Brenn einem das Haus ab, daran er zehen Jahre gebauet hat, und schick ihm einen Beichtvater, der ihm die christliche Geduld empfiehlt. – Man soll sich für niemand interessieren als für sich selbst; die Menschen sind nicht wert – –

CLAVIGO. Kommen deine feindseligen Grillen wieder?

CARLOS. Wenn ich aufs Neue ganz drein versinke, wer ist schuld dran als du? Ich sagte zu mir: Was soll ihm jetzt die vorteilhafteste Heirat? ihm, der es für einen gewöhnlichen Menschen weit genug gebracht hätte; aber mit seinem Geist, mit seinen Gaben ist es unverantwortlich – ist es unmöglich, dass er bleibt, was er ist. – Ich machte meine Projekte. Es gibt so wenig Menschen, die so unternehmend und biegsam, so geistvoll und fleißig zugleich sind. Er ist in alle Fächer gerecht; als Archivarius kann er sich schnell die wichtigsten Kenntnisse erwerben, er wird sich notwendig machen, und lasst eine Veränderung vorgehn, so ist er Minister.

CLAVIGO. Ich gestehe dir, das waren oft auch meine Träume!

CARLOS. Träume! So gewiss ich den Turm erreiche und erklettere, wenn ich darauf losgehe, mit dem festen Vorsatze, nicht abzulassen, bis ich ihn erstiegen habe, so gewiss hättest du auch alle Schwierigkeiten überwunden. Und hernach wär' mir für das Übrige nicht bang gewesen. Du hast kein Vermögen von Hause, desto besser; das hätte dich auf die Erwerbung eifriger, auf die Erhaltung aufmerksamer gemacht. Und wer am Zoll sitzt, ohne reich zu werden, ist ein Pinsel. Und dann seh ich nicht, warum das Land dem Minister nicht so gut Abgaben schuldig ist als dem Könige. Dieser gibt seinen Namen her, und jener die Kräfte. Wenn ich denn mit allem dem fertig war, dann sah ich mich erst nach einer Partie für dich um. Ich sah manch stolzes Haus, das die Augen über deine Abkunft zugeblinkt hätte, manches der reichsten, das dir gern den Aufwand deines Standes verschafft haben würde, nur um an der Herrlichkeit des zweiten Königs teilnehmen zu dürfen – und nun –

CLAVIGO. Du bist ungerecht, du setzest meinen gegenwärtigen Zustand zu tief herab. Und glaubst du denn, dass ich mich nicht weiter treiben, nicht auch noch mächtigere Schritte tun kann?

CARLOS. Lieber Freund, brich du einer Pflanze das Herz aus, sie mag hernach treiben und treiben unzählige Nebenschösslinge; es gibt vielleicht einen starken Busch, aber der stolze königliche Wuchs des ersten Schusses ist dahin. Und denke nur nicht, dass man diese Heirat bei

Hofe gleichgültig ansehen wird. Hast du vergessen, was für Männer dir den Umgang, die Verbindung mit Marien missrieten? Hast du vergessen, wer dir den klugen Gedanken eingab, sie zu verlassen? Soll ich dir sie an den Fingern herzählen?

CLAVIGO. Der Gedanke hat mich auch schon gepeinigt, dass so wenige diesen Schritt billigen werden.

CARLOS. Keiner! Und deine hohen Freunde sollten nicht aufgebracht sein, dass du, ohne sie zu fragen, ohne ihren Rat, dich so geradezu hingegeben hast, wie ein unbesonnener Knabe auf dem Markte sein Geld gegen wurmstichige Nüsse wegwirft?

CLAVIGO. Das ist unartig, Carlos, und übertrieben.

CARLOS. Nicht um einen Zug. Denn dass einer aus Leidenschaft einen seltsamen Streich macht, das lass ich gelten. Ein Kammermädchen zu heiraten, weil sie schön ist wie ein Engel! Gut, der Mensch wird getadelt, und doch beneiden ihn die Leute.

CLAVIGO. Die Leute, immer die Leute.

CARLOS. Du weißt, ich frage nicht ängstlich nach andrer Beifall, doch das ist ewig wahr: wer nichts für andre tut, tut nichts für sich; und wenn die Menschen dich nicht bewundern, oder beneiden, bist du auch nicht glücklich.

CLAVIGO. Die Welt urteilet nach dem Scheine. Oh! wer Mariens Herz besitzt, ist zu beneiden!

CARLOS. Was die Sache ist, scheint sie auch. Aber freilich dacht' ich, dass das verborgene Qualitäten sein müssen, die dein Glück beneidenswert machen; denn was man mit seinen Augen sieht, mit seinem Menschenverstande begreifen kann –

CLAVIGO. Du willst mich zugrunde richten.

CARLOS. »Wie ist das zugegangen?« wird man in der Stadt fragen. »Wie ist das zugegangen?« fragt man bei Hofe. »Um Gottes willen, wie ist das zugegangen? Sie ist arm, ohne Stand; hätte Clavigo nicht einmal ein Abenteuer mit ihr gehabt, man wüsste gar nicht, dass sie in der Welt ist. Sie soll artig sein, angenehm, witzig! – Wer wird darum eine Frau nehmen? Das vergeht so in den ersten Zeiten des Ehestands.« – »Ach!« sagt einer, »sie soll schön sein, reizend, ausnehmend schön.« – »Da ist's zu begreifen«, sagt ein anderer –

CLAVIGO *(wird verwirrt, ihm entfährt ein tiefer Seufzer).* Ach!

CARLOS. »Schön? Oh!« sagt die eine, »es geht an! Ich hab sie in sechs Jahren nicht gesehn.« – »Da kann sich schon was verändern«, sagt eine andere. – »Man muss doch achtgeben, er wird sie bald produzieren«, sagt die dritte. Man fragt, guckt, man geht zu Gefallen, man wartet, man ist ungeduldig, erinnert sich immer des stolzen Clavigo, der sich nie öffentlich sehen ließ, ohne eine herrliche, hochäugige Spanierin im Triumph aufzuführen, deren volle Brust, ihre blühenden Wangen, ihre heißen Augen die Welt rings umher zu fragen schienen: »Bin ich nicht meines Begleiters wert?« und die in ihrem Übermut den seidnen Schlepprock so weit hintenaus im Winde segeln ließ als möglich, um ihre Erscheinung ansehnlicher und würdiger zu machen. – Und nun erscheint der Herr – und allen Leuten versagt das Wort im Munde – kommt angezogen mit seiner trippelnden, kleinen, hohläugigen Französin, der die Auszehrung aus allen Gliedern spricht, wenn sie gleich ihre Totenfarbe mit

Weiß und Rot überpinselt hat. O Bruder, ich werde rasend, ich laufe davon, wenn mich nun die Leute zu packen kriegen, und fragen und quästionieren und nicht begreifen können –

CLAVIGO *(ihn bei der Hand fassend)*. Mein Freund, mein Bruder, ich bin in einer schrecklichen Lage. Ich sage dir, ich gestehe dir, ich erschrak, als ich Marien wiedersah! Wie entstellt sie ist – wie bleich, abgezehrt! O das ist meine Schuld, meiner Verräterei! –

CARLOS. Possen! Grillen! Sie hatte die Schwindsucht, da dein Roman noch sehr im Gange war. Ich sagte dir's tausendmal, und – Aber ihr Liebhaber habt keine Augen, keine Nasen. Clavigo, es ist schändlich! So alles, alles zu vergessen, eine kranke Frau, die die Pest unter deine Nachkommenschaft bringen wird, dass alle deine Kinder und Enkel so in gewissen Jahren höflich ausgehen wie Bettlerslämpchen. – Ein Mann, der Stammvater einer Familie sein könnte, die vielleicht künftig – Ich werde noch närrisch, der Kopf vergeht mir.

CLAVIGO. Carlos, was soll ich dir sagen! Als ich sie wiedersah; im ersten Taumel flog ihr mein Herz entgegen – und ach! – da der vorüber war – Mitleiden – innige tiefe Erbarmung flößte sie mir ein: aber Liebe – sieh! es war, als wenn mir in der warmen Fülle der Freuden die kalte Hand des Todes übern Nacken führe. Ich strebte, munter zu sein, wieder vor denen Menschen, die mich umgaben, den Glücklichen zu spielen: es war alles vorbei, alles so steif, so ängstlich. Wären sie weniger außer sich gewesen, sie müssten's gemerkt haben.

CARLOS. Hölle! Tod und Teufel! und du willst sie heiraten? –

CLAVIGO *(steht ganz in sich versunken, ohne zu antworten).*

CARLOS. Du bist hin! verloren auf ewig! Leb wohl, Bruder, und lass mich alles vergessen, lass mich mein einsames Leben noch so ausknirschen über das Schicksal deiner Verblendung. Ha! das alles! sich in den Augen der Welt verächtlich zu machen, und nicht einmal dadurch eine Leidenschaft, eine Begierde befriedigen! dir mutwillig eine Krankheit zuziehen, die, indem sie deine innern Kräfte untergräbt, dich zugleich dem Anblick der Menschen abscheulich macht.

CLAVIGO. Carlos! Carlos!

CARLOS. Wärst du nie gestiegen, um nie zu fallen! Mit welchen Augen werden sie das ansehn! »Da ist der Bruder«, werden sie sagen! »das muss ein braver Kerl sein, der hat ihn ins Bockshorn gejagt, er hat sich nicht getraut, ihm die Spitze zu bieten.« – »Ha!« werden unsre schwadronierenden Hofjunker sagen, »man sieht immer, dass er kein Kavalier ist.« – »Pah!« ruft einer und rückt den Hut in die Augen, »der Franzos hätte mir kommen sollen«, und patscht sich auf den Bauch, ein Kerl, der vielleicht nicht wert wäre, dein Reitknecht zu sein.

CLAVIGO *(fällt in dem Ausbruch der heftigsten Beängstigung, mit einem Strom von Tränen, dem Carlos um den Hals).* Rette mich! Freund! mein Bester, rette mich! Rette mich von dem gedoppelten Meineid, von der unübersehlichen Schande, von mir selbst – ich vergehe!

CARLOS. Armer! Elender! Ich hoffte, diese jugendlichen Rasereien, diese stürmenden Tränen, diese versinkende Wehmut sollte vorüber sein, ich hoffte, dich als Mann nicht mehr erschüttert, nicht mehr in dem beklemmenden Jammer zu sehen, den du ehemals so oft in meinen

Busen ausgeweint hast. Ermanne dich, Clavigo, ermanne dich!

CLAVIGO. Lass mich weinen! *(Wirft sich in einen Sessel.)*

CARLOS. Weh dir, dass du eine Bahn betreten hast, die du nicht endigen wirst! Mit deinem Herzen, deinen Gesinnungen, die einen ruhigen Bürger glücklich machen würden, musstest du den unseligen Hang nach Größe verbinden! Und was ist Größe, Clavigo? Sich in Rang und Ansehn über andre zu erheben? Glaub es nicht! Wenn dein Herz nicht größer ist als andrer Herzen; wenn du nicht imstande bist, dich gelassen über Verhältnisse hinauszusetzen, die einen gemeinen Menschen ängstigen würden: so bist du mit allen deinen Bändern und Sternen, bist mit der Krone selbst nur ein gemeiner Mensch. Fasse dich, beruhige dich!

CLAVIGO *(richtet sich auf, sieht Carlos an und reicht ihm die Hand, die Carlos mit Heftigkeit anfasst).*

CARLOS. Auf! auf, mein Freund! und entschließe dich. Sieh, ich will alles beiseitesetzen, ich will sagen: Hier liegen zwei Vorschläge auf gleichen Schalen. Entweder du heiratest Marien und findest dein Glück in einem stillen bürgerlichen Leben, in den ruhigen häuslichen Freuden; oder du führest auf der ehrenvollen Bahn deinen Lauf weiter nach dem nahen Ziele. – Ich will alles beiseitesetzen und will sagen: Die Zunge steht inne; es kommt auf deinen Entschluss an, welche von beiden Schalen den Ausschlag haben soll! Gut! Aber entschließe dich! – Es ist nichts erbärmlicher in der Welt als ein unentschlossener Mensch, der zwischen zweien Empfindungen schwebt, gern beide vereinigen möchte, und nicht begreift, dass nichts sie vereinigen kann als eben der Zweifel, die Unruhe, die ihn peinigen. Auf, und gib Marien deine Hand, handle als ein ehrlicher Kerl, der das Glück seines Lebens seinen Worten aufopfert, der es für seine Pflicht achtet, was er verdorben hat, wieder gutzumachen, der auch den Kreis seiner Leidenschaften und Wirksamkeit nie weiter ausgebreitet hat, als dass er imstande ist, alles wieder gutzumachen, was er verdorben hat: und so genieße das Glück einer ruhigen Beschränkung, den Beifall eines bedächtigen Gewissens und alle Seligkeit, die denen Menschen gewährt ist, die imstande sind, sich ihr eigen Glück zu schaffen und Freude den Ihrigen – Entschließe dich; so will ich sagen, du bist ein ganzer Kerl –

CLAVIGO. Einen Funken, Carlos, deiner Stärke, deines Muts.

CARLOS. Er schläft in dir, und ich will blasen, bis er in Flammen schlägt. Sieh auf der andern Seite das Glück und die Größe, die dich erwarten. Ich will dir diese Aussichten nicht mit dichterischen bunten Farben vormalen; stelle sie dir selbst in der Lebhaftigkeit vor, wie sie in voller Klarheit vor deiner Seele standen, ehe der französische Strudelkopf dir die Sinne verwirrte. Aber auch da, Clavigo, sei ein ganzer Kerl und mache deinen Weg stracks, ohne rechts und links zu sehen. Möge deine Seele sich erweitern und die Gewissheit des großen Gefühls über dich kommen, dass außerordentliche Menschen eben auch darin außerordentliche Menschen sind, weil ihre Pflichten von den Pflichten des gemeinen Menschen abgehen; dass der, dessen Werk es ist, ein großes Ganze zu übersehen, zu regieren, zu erhalten, sich keinen Vorwurf zu machen braucht, geringe Verhältnisse vernachlässiget, Kleinigkeiten dem Wohl des Ganzen aufgeopfert zu haben. Tut das der Schöpfer in seiner Natur, der König in seinem Staate: warum sollten wir's nicht tun, um ihnen ähnlich zu werden?

CLAVIGO. Carlos, ich bin ein kleiner Mensch.

CARLOS. Wir sind nicht klein, wenn Umstände uns zu schaffen machen, nur wenn sie uns überwältigen. Noch einen Atemzug, und du bist wieder bei dir selber. Wirf die Reste einer erbärmlichen Leidenschaft von dir, die dich in jetzigen Tagen ebenso wenig kleiden als das graue Jäckchen und die bescheidene Miene, mit denen du nach Madrid kamst. Was das arme Mädchen für dich getan hat, hast du ihr lange gelohnt; und dass du ihr die erste freundliche Aufnahme schuldig bist – Oh! eine andre hätte um das Vergnügen deines Umgangs ebenso viel und mehr getan, ohne solche Prätensionen zu machen – und wird dir einfallen, deinem Schulmeister die Hälfte deines Vermögens zu geben, weil er dich vor dreißig Jahren das Abc gelehrt hat? Nun, Clavigo?

CLAVIGO. Das ist all gut; im Ganzen magst du recht haben, es mag also sein; nur wie helfen wir uns aus der Verwirrung, in der wir stecken? Da gib Rat, da schaff Hülfe, und dann rede.

CARLOS. Gut! Du willst also?

CLAVIGO. Mach mich können, so will ich. Ich habe kein Nachdenken; hab's für mich.

CARLOS. Also denn. Zuerst gehst du, den Herrn an einen dritten Ort zu bescheiden, und alsdann forderst du mit der Klinge die Erklärung zurück, die du gezwungen und unbesonnen ausgestellt hast.

CLAVIGO. Ich habe sie schon, er zerriss und gab mir sie.

CARLOS. Trefflich! Trefflich! Schon den Schritt getan – und du hast mich so lange reden lassen? – Also kürzer! Du schreibst ihm ganz gelassen: Du fändest nicht für gut, seine Schwester zu heiraten; die Ursache könnte er erfahren, wenn er sich heute Nacht, von einem Freunde begleitet und mit beliebigen Waffen versehen, da oder dort einfinden wolle. Und somit signiert. – Komm, Clavigo, schreib das. Ich bin dein Sekundant und – es müsste mit dem Teufel zugehen –

CLAVIGO *(geht nach dem Tische)*.

CARLOS. Höre! Ein Wort! Wenn ich's so recht bedenke, ist das ein einfältiger Vorschlag. Wer sind wir, um uns gegen einen aufgebrachten Abenteurer zu wagen? Und die Aufführung des Menschen, sein Stand verdient nicht, dass wir ihn für unsersgleichen achten. Also hör mich! Wenn ich ihn nun peinlich anklage, dass er heimlich nach Madrid gekommen, sich bei dir unter einem falschen Namen mit einem Helfershelfer anmelden lassen, dich erst mit freundlichen Worten vertraulich gemacht, dann dich unvermutet überfallen, eine Erklärung dir abgenötigt und sie auszustreuen weggegangen ist – Das bricht ihm den Hals: er soll erfahren, was das heißt, einen Spanier mitten in der bürgerlichen Ruhe zu befehden.

CLAVIGO. Du hast recht.

CARLOS. Wenn wir nun aber unterdessen, bis der Prozess eingeleitet ist, bis dahin uns der Herr noch allerlei Streiche machen könnte, das Gewisse spielten und ihn kurz und gut beim Kopfe nähmen?

CLAVIGO. Ich verstehe, und kenne dich, dass du Mann bist, es auszuführen.

CARLOS. Nun auch! wenn ich, der ich schon fünfundzwanzig Jahre mitlaufe und dabei war, da den Ersten unter den Menschen die Angsttropfen auf dem Gesichte standen – wenn ich so ein Possenspiel nicht entwickeln wollte. Und somit lässest du mir freie Hand; du brauchst nichts zu tun, nichts zu schreiben. Wer den Bruder einstecken lässt, gibt pantomimisch zu verstehen, dass er die Schwester nicht mag.

CLAVIGO. Nein, Carlos! Es gehe, wie es wolle, das kann, das werd ich nicht leiden. Beaumarchais ist ein würdiger Mensch, und er soll in keinem schimpflichen Gefängnisse verschmachten um seiner gerechten Sache willen. Einen andern Vorschlag, Carlos, einen andern!

CARLOS. Pah! Pah! Kindereien! Wir wollen ihn nicht fressen, er soll wohl aufgehoben und versorgt werden, und lang kann's auch nicht währen. Denn siehe, wenn er spürt, dass es Ernst ist, kriecht sein theatralischer Eifer gewiss zum Kreuz, er kehrt bedutzt nach Frankreich zurück und dankt auf das höflichste, wenn man ja seiner Schwester ein jährliches Gehalt aussetzen will, warum's ihm vielleicht einzig und allein zu tun war.

CLAVIGO. So sei's denn! Nur verfahrt gut mit ihm.

CARLOS. Sei unbesorgt. – Noch eine Vorsicht! Man kann nicht wissen, wie's verschwätzt wird, wie er Wind kriegt, und er überläuft dich, und alles geht zugrunde. Drum begib dich aus deinem Hause, dass auch kein Bedienter weiß, wohin. Lass nur das Nötigste zusammenpacken. Ich schicke dir einen Burschen, der dir's forttragen und dich hinbringen soll, wo dich die heilige Hermandad selbst nicht findet. Ich hab so ein paar Mauslöcher immer offen. Adieu.

CLAVIGO. Leb wohl!

CARLOS. Frisch! Frisch! Wenn's vorbei ist, Bruder, wollen wir uns laben.

Guilberts Wohnung.
Sophie Guilbert. Marie Beaumarchais (mit Arbeit).

MARIE. So ungestüm ist Buenco fort?

SOPHIE. Das war natürlich. Er liebt dich, und wie konnte er den Anblick des Menschen ertragen, den er doppelt hassen muss?

MARIE. Er ist der beste, tugendhafteste Bürger, den ich je gekannt habe. *(Ihr die Arbeit zeigend.)* Mich dünkt, ich mach es so? Ich ziehe hier das ein, und das Ende steck ich hinauf. Es wird gut stehn.

SOPHIE. Recht gut. Und ich will paille Band zu dem Häubchen nehmen! es kleid't mich keins besser. Du lächelst?

MARIE. Ich lache über mich selbst. Wir Mädchen sind doch eine wunderliche Nation: kaum heben wir den Kopf nur ein wenig wieder, so ist gleich Putz und Band, was uns beschäftigt.

SOPHIE. Das kannst du dir nicht nachsagen; seit dem Augenblick, da Clavigo dich verließ, war nichts imstande, dir eine Freude zu machen.

MARIE *(fährt zusammen und sieht nach der Tür).*

SOPHIE. Was hast du?

MARIE *(beklemmt).* Ich glaubte, es käme jemand! Mein armes Herz! O es wird mich noch umbringen. Fühl, wie es schlägt, von dem leeren Schrecken.

SOPHIE. Sei ruhig. Du siehst blass! ich bitte dich, meine Liebe!

MARIE *(auf die Brust deutend)*. Es drückt mich hier so. – Es sticht mich so. – Es wird mich umbringen.

SOPHIE. Schone dich.

MARIE. Ich bin ein närrisches unglückliches Mädchen. Schmerz und Freude haben mit all ihrer Gewalt mein armes Leben untergraben. Ich sage dir, es ist nur halbe Freude, dass ich ihn wiederhabe. Ich werde das Glück wenig genießen, das mich in seinen Armen erwartet; vielleicht gar nicht.

SOPHIE. Schwester, meine liebe Einzige! Du nagst mit solchen Grillen an dir selber.

MARIE. Warum soll ich mich betriegen?

SOPHIE. Du bist jung und glücklich und kannst alles hoffen.

MARIE. Hoffnung! O der süße einzige Balsam des Lebens bezaubert oft meine Seele. Mutige jugendliche Träume schweben vor mir und begleiten die geliebte Gestalt des Unvergleichlichen, der nun wieder der Meine wird. O Sophie, wie reizend ist er! Seit ich ihn nicht sah, hat er – ich weiß nicht, wie ich's ausdrücken soll – es haben sich alle großen Eigenschaften, die ehemals in seiner Bescheidenheit verborgen lagen, entwickelt. Er ist ein Mann worden und muss mit diesem reinen Gefühle seiner selbst, mit dem er auftritt, das so ganz ohne Stolz, ohne Eitelkeit ist, er muss alle Herzen wegreißen. – Und er soll der Meinige werden? – Nein, Schwester, ich war seiner nicht wert – Und jetzt bin ich's viel weniger!

SOPHIE. Nimm ihn nur und sei glücklich. – Ich höre deinen Bruder!

(Beaumarchais kommt.)

BEAUMARCHAIS. Wo ist Guilbert?

SOPHIE. Er ist schon eine Weile weg; lang kann er nicht mehr ausbleiben.

MARIE. Was hast du, Bruder? – *(Aufspringend und ihm um den Hals fallend.)* Lieber Bruder, was hast du?

BEAUMARCHAIS. Nichts! Lass mich, meine Marie!

MARIE. Wenn ich deine Marie bin, so sag mir, was du auf dem Herzen hast?

SOPHIE. Lass ihn. Die Männer machen oft Gesichter, ohne just was auf dem Herzen zu haben.

MARIE. Nein, nein. Ach ich sehe dein Angesicht nur wenige Zeit; aber schon drückt es mir alle deine Empfindungen aus, ich lese jedes Gefühl dieser unverstellten, unverdorbenen Seele auf deiner Stirne. Du hast etwas, was dich stutzig macht. Rede, was ist's?

BEAUMARCHAIS. Es ist nichts, meine Lieben. Ich hoffe, im Grunde ist's nichts. Clavigo –

MARIE. Wie?

BEAUMARCHAIS. Ich war bei Clavigo. Er ist nicht zu Hause.

SOPHIE. Und das verwirrt dich?

BEAUMARCHAIS. Sein Pförtner sagt, er sei verreist, er wisse nicht, wohin; es wisse niemand, wie lange. Wenn er sich verleugnen ließe! Wenn er wirklich verreist wäre! Warum das?

MARIE. Wir wollen's abwarten.

BEAUMARCHAIS. Deine Zunge lügt. Ha! Die Blässe deiner Wangen, das Zittern deiner Glieder, alles spricht und zeugt, dass du das nicht abwarten kannst. Liebe Schwester! *(Fasst sie in seine Arme.)* An diesem klopfenden, ängstlich bebenden Herzen schwör ich dir. Höre mich, Gott, der du gerecht bist! Höret mich, alle seine Heiligen! Du sollst gerächet werden, wenn er – die Sinne vergehn mir über dem Gedanken – wenn er rückfiele, wenn er doppeltes grässliches Meineids sich schuldig machte, unsers Elends spottete – Nein, es ist, es ist nicht möglich, nicht möglich – Du sollst gerächet werden.

SOPHIE. Alles zu früh, zu voreilig. Schone ihrer, ich bitte dich, mein Bruder.

MARIE *(setzt sich)*.

SOPHIE. Was hast du? Du wirst ohnmächtig.

MARIE. Nein, nein. Du bist gleich so besorgt.

SOPHIE *(reicht ihr Wasser)*. Nimm das Glas.

MARIE. Lass doch! wozu soll's? – Nun meinetwegen, gib her.

BEAUMARCHAIS. Wo ist Guilbert? Wo ist Buenco? Schicke nach ihnen, ich bitte dich.

(Sophie ab.)

Wie ist dir, Marie?

MARIE. Gut, ganz gut! Denkst du denn, Bruder? –

BEAUMARCHAIS. Was, meine Liebe?

MARIE. Ach!

BEAUMARCHAIS. Der Atem wird dir schwer?

MARIE. Das unbändige Schlagen meines Herzens versetzt mir die Luft.

BEAUMARCHAIS. Habt ihr denn kein Mittel? Brauchst du nichts Niederschlagendes?

MARIE. Ich weiß ein Mittel, und darum bitt ich Gott schon lange.

BEAUMARCHAIS. Du sollst's haben, und ich hoffe, von meiner Hand.

MARIE. Schon gut.

(Sophie kommt.)

SOPHIE. Soeben gibt ein Kurier diesen Brief ab; er kommt von Aranjuez.

BEAUMARCHAIS. Das ist das Siegel und die Hand unsers Gesandten.

SOPHIE. Ich hieß ihn absteigen und einige Erfrischungen zu sich nehmen; er wollte nicht, weil er noch mehr Depeschen habe.

MARIE. Willst du doch, Liebe, das Mädchen nach dem Arzte schicken?

SOPHIE. Fehlt dir was? Heiliger Gott! was fehlt dir?

MARIE. Du wirst mich ängstigen, dass ich zuletzt kaum traue, ein Glas Wasser zu begehren – Sophie! – Bruder! – Was enthält der Brief? Sieh, wie er zittert! wie ihn aller Mut verlässt!

SOPHIE. Bruder, mein Bruder!

BEAUMARCHAIS *(wirft sich sprachlos in einen Sessel und lässt den Brief fallen).*

SOPHIE. Mein Bruder! *(Hebt den Brief auf und liest.)*

MARIE. Lasst mich ihn sehn! ich muss – *(Will aufstehn.)* Weh! Ich fühl's. Es ist das Letzte. Schwester, aus Barmherzigkeit den letzten schnellen Todesstoß! Er verrät uns! –

BEAUMARCHAIS *(aufspringend).* Er verrät uns! *(An die Stirn schlagend und auf die Brust.)* Hier! hier! es ist alles so dumpf, so tot vor meiner Seele, als hätt' ein Donnerschlag meine Sinne gelähmt. Marie! Marie! du bist verraten! – und ich stehe hier! Wohin? – Was? – Ich sehe nichts, nichts! keinen Weg, keine Rettung! *(Wirft sich in den Sessel.)*

(Guilbert kommt.)

SOPHIE. Guilbert! Rat! Hülfe! Wir sind verloren!

GUILBERT. Weib!

SOPHIE. Lies! Lies! Der Gesandte meldet unserm Bruder: Clavigo habe ihn peinlich angeklagt, als sei er unter einem falschen Namen in sein Haus geschlichen, habe ihm im Bette die Pistole vorgehalten, habe ihn gezwungen, eine schimpfliche Erklärung zu unterschreiben; und wenn er sich nicht schnell aus dem Königreiche entfernt, so schleppen sie ihn ins Gefängnis, daraus ihn zu befreien der Gesandte vielleicht selbst nicht imstande ist.

BEAUMARCHAIS *(aufspringend)*. Ja, sie sollen's! sie sollen's! sollen mich ins Gefängnis schleppen. Aber von seinem Leichname weg, von der Stätte weg, wo ich mich in seinem Blute werde geletzt haben. – Ach! der grimmige, entsetzliche Durst nach seinem Blute füllt mich ganz. Dank sei dir, Gott im Himmel, dass du dem Menschen mitten im glühenden unerträglichsten Leiden ein Labsal sendest, eine Erquickung. Wie ich die dürstende Rache in meinem Busen fühle! wie aus der Vernichtung meiner selbst, aus der stumpfen Unentschlossenheit mich das herrliche Gefühl, die Begier nach seinem Blute herausreißt, mich über mich selbst reißt! Rache! Wie mir's wohl ist! wie alles an mir nach ihm hinstrebt, ihn zu fassen, ihn zu vernichten!

SOPHIE. Du bist fürchterlich, Bruder.

BEAUMARCHAIS. Desto besser. – Ach! Keinen Degen, kein Gewehr! Mit diesen Händen will ich ihn erwürgen, dass mein die Wonne sei! ganz mein eigen das Gefühl: Ich hab ihn vernichtet.

MARIE. Mein Herz! Mein Herz!

BEAUMARCHAIS. Ich habe dich nicht retten können, so sollst du gerächt werden. Ich schnaube nach seiner Spur, meine Zähne gelüstet's nach seinem Fleisch, meinen Gaumen nach seinem Blut. Bin ich ein rasendes Tier geworden! Mir glüht in jeder Ader, mir zuckt in jeder Nerve die Begier nach ihm! – Ich würde den ewig hassen, der mir ihm jetzt mit Gift vergäbe, der mir ihn meuchelmörderisch aus dem Wege räumte. O hilf mir, Guilbert, ihn aufsuchen! Wo ist Buenco? Helft mir ihn finden.

GUILBERT. Rette dich! Rette dich! Du bist außer dir.

MARIE. Fliehe, mein Bruder!

SOPHIE. Führ ihn weg; er bringt seine Schwester um.

(Buenco kommt.)

BUENCO. Auf, Herr! Fort! Ich sah's voraus. Ich gab auf alles acht. Und nun! man stellt Euch nach, Ihr seid verloren, wenn Ihr nicht im Augenblick die Stadt verlasst.

BEAUMARCHAIS. Nimmermehr! Wo ist Clavigo?

BUENCO. Ich weiß nicht.

BEAUMARCHAIS. Du weißt's. Ich bitte dich fußfällig, sag mir's.

SOPHIE. Um Gottes willen, Buenco!

MARIE. Ach! Luft! Luft! *(Fällt zurück.)* Clavigo! –

BUENCO. Hülfe, sie stirbt!

SOPHIE. Verlass uns nicht, Gott im Himmel! – Fort, mein Bruder, fort!

BEAUMARCHAIS *(fällt vor Marien nieder, die ungeachtet aller Hülfe nicht wieder zu sich selbst kommt).* Dich verlassen! Dich verlassen!

SOPHIE. So bleib, und verderb uns alle, wie du Marien getötet hast. Du bist hin, o meine Schwester! durch die Unbesonnenheit deines Bruders.

BEAUMARCHAIS. Halt, Schwester!

SOPHIE *(spottend)*. Retter! – Rächer – Hilf dir selber!

BEAUMARCHAIS. Verdien ich das?

SOPHIE. Gib mir sie wieder! Und dann geh in Kerker, geh aufs Martergerüst, geh, vergieße dein Blut, und gib mir sie wieder.

BEAUMARCHAIS. Sophie!

SOPHIE. Ha! und ist sie hin, ist sie tot – so erhalte dich uns! *(Ihm um den Hals fallend.)* Mein Bruder, erhalte dich uns! unserm Vater! Eile, eile! Das war ihr Schicksal! Sie hat's geendet. Und ein Gott ist im Himmel, dem lass die Rache.

BUENCO. Fort! fort! Kommen Sie mit mir, ich verberge Sie, bis wir Mittel finden, Sie aus dem Königreiche zu schaffen.

BEAUMARCHAIS *(fällt auf Marien und küsst sie)*. Schwester! *(Sie reißen ihn los, er fasst Sophien, sie macht sich los, man bringt Marien weg, und Buenco mit Beaumarchais ab.)*

(Guilbert. Ein Arzt.)

SOPHIE *(aus dem Zimmer zurückkommend, darein man Marien gebracht hat)*. Zu spät! Sie ist hin! Sie ist tot!

GUILBERT. Kommen Sie, mein Herr! Sehen Sie selbst! Es ist nicht möglich! *(Ab.)*

Fünfter Akt

Straße vor dem Hause Guilberts. Nacht.
Das Haus ist offen. Vor der Türe stehen drei in schwarze Mäntel gehüllte Männer mit Fackeln. Clavigo, in einen Mantel gewickelt, den Degen unterm Arm, kommt.
Ein Bedienter geht voraus mit einer Fackel.

CLAVIGO. Ich sagte dir's, du solltest diese Straße meiden.

BEDIENTER. Wir hätten einen gar großen Umweg nehmen müssen, und Sie eilen so. Es ist nicht weit von hier, wo Don Carlos sich aufhält.

CLAVIGO. Fackeln dort?

BEDIENTER. Eine Leiche. Kommen Sie, mein Herr.

CLAVIGO. Mariens Wohnung! Eine Leiche! Mir fährt ein Todesschauer durch alle Glieder. Geh, frag, wen sie begraben.

BEDIENTER *(geht zu den Männern)*. Wen begrabt ihr?

DIE MÄNNER. Marien Beaumarchais.

CLAVIGO *(setzt sich auf einen Stein und verhüllt sich)*.

BEDIENTER *(kommt zurück)*. Sie begraben Marien Beaumarchais.

CLAVIGO *(aufspringend)*. Musstest du's wiederholen, Verräter? Das Donnerwort wiederholen, das mir alles Mark aus meinen Gebeinen schlägt?

BEDIENTER. Stille, mein Herr, kommen Sie. Bedenken Sie die Gefahr, in der Sie schweben.

CLAVIGO. Geh in die Hölle! Ich bleibe.

BEDIENTER. O Carlos! O dass ich dich fände, Carlos! Er ist außer sich! *(Ab.)*
(Clavigo. In der Ferne die Leichenmänner.)

CLAVIGO. Tot! Marie tot! Die Fackeln dort! ihre traurigen Begleiter! Es ist ein Zauberspiel, ein Nachtgesicht, das mich erschreckt, das mir einen Spiegel vorhält, darin ich das Ende meiner Verrätereien ahnungsweise erkennen soll. – Noch ist es Zeit! Noch! – Ich bebe, mein Herz zerfließt in Schauer! Nein! Nein! du sollst nicht sterben. Ich komme! Ich komme! – Verschwindet, Geister der Nacht, die ihr euch mit ängstlichen Schrecknissen mir in den Weg stellt – *(Geht auf sie los.)* Verschwindet! – Sie stehen! Ha! sie sehen sich nach mir um! Weh! Weh mir! es sind Menschen wie ich. – Es ist wahr – Wahr? – Kannst du's fassen? – Sie ist tot – Es ergreift mich mit allem Schauer der Nacht das Gefühl: Sie ist tot! Da liegt sie, die Blume zu deinen Füßen – und du – Erbarm dich meiner, Gott im Himmel, ich habe sie nicht getötet! – Verbergt euch, Sterne, schaut nicht hernieder, ihr, die ihr so oft den Missetäter saht in dem Gefühl des innigsten Glückes diese Schwelle verlassen, durch eben diese Straße mit Saitenspiel und Gesang in goldnen Phantasien hinschweben und sein am heimlichen Gitter lauschendes Mädchen mit wonnevollen Erwartungen entzünden! – Und du füllst nun das Haus mit Wehklagen und Jammer! und diesen Schauplatz deines Glückes mit Grabgesang! – Marie! Marie! nimm mich mit dir! nimm mich mit dir!
(Eine traurige Musik tönt einige Laute von innen.)
Sie beginnen den Weg zum Grabe! – Haltet! haltet! Schließt den Sarg nicht! Lasst mich sie noch einmal sehen. *(Er geht aufs Haus los.)* Ha! wem, wem wag ich's unters Gesicht zu treten? wem in seinen entsetzlichen Schmerzen zu begegnen? – Ihren Freunden? Ihrem Bruder! dem wütender Jammer den Busen füllt!

(Die Musik geht wieder an.)
Sie ruft mir! sie ruft mir! Ich komme! – Welche Angst umgibt mich! Welches Beben hält mich zurück!
(Die Musik fängt zum dritten Male an und fährt fort. Die Fackeln bewegen sich vor der Tür, es treten noch drei andere zu ihnen, die sich in Ordnung reihen, um den Leichenzug einzufassen, der aus dem Hause kommt. Sechs tragen die Bahre, darauf der bedeckte Sarg steht.)
(Guilbert, Buenco in tiefer Trauer.)

CLAVIGO *(hervortretend)*. Haltet!

GUILBERT. Welche Stimme!

CLAVIGO. Haltet!
(Die Träger stehen.)

BUENCO. Wer untersteht sich, den ehrwürdigen Zug zu stören?

CLAVIGO. Setzt nieder!

GUILBERT. Ha!

BUENCO. Elender! Ist deiner Schandtaten kein Ende? Ist dein Opfer im Sarge nicht sicher vor dir?

CLAVIGO. Lasst! macht mich nicht rasend! die Unglücklichen sind gefährlich! Ich muss sie sehen! *(Er wirft das Tuch ab. Marie liegt weiß gekleidet und mit gefalteten Händen im Sarge. Clavigo tritt zurück und verbirgt sein Gesicht.)*

BUENCO. Willst du sie erwecken, um sie wieder zu töten?

CLAVIGO. Armer Spötter! – Marie! *(Er fällt vor dem Sarge nieder.)*
(Beaumarchais kommt.)

BEAUMARCHAIS. Buenco hat mich verlassen. Sie ist nicht tot, sagen sie, ich muss sehen, trotz dem Teufel! Ich muss sie sehen. Fackeln, Leiche! *(Er rennt auf sie los, er-*

blickt den Sarg und fällt sprachlos drüber hin; man hebt ihn auf, er ist wie ohnmächtig. Guilbert hält ihn.)

CLAVIGO *(der an der andern Seite des Sargs aufsteht)*. Marie! Marie!

BEAUMARCHAIS *(auffahrend)*. Das ist seine Stimme! Wer ruft Marie? Wie mit dem Klang der Stimme sich eine glühende Wut in meine Adern goss!

CLAVIGO. Ich bin's.

BEAUMARCHAIS *(wild hinsehend und nach dem Degen greifend. Guilbert hält ihn)*.

CLAVIGO. Ich fürchte deine glühenden Augen nicht, nicht die Spitze deines Degens! Sieh hierher, dieses geschlossene Auge, diese gefalteten Hände!

BEAUMARCHAIS. Zeigst du mir das? *(Er reißt sich los, dringt auf Clavigo ein, der zieht, sie fechten, Beaumarchais stößt ihm den Degen in die Brust.)*

CLAVIGO *(sinkend)*. Ich danke dir, Bruder! Du vermählst uns. *(Er sinkt auf den Sarg.)*

BEAUMARCHAIS *(ihn wegreißend)*. Weg von dieser Heiligen, Verdammter!

CLAVIGO. Weh!

(Die Träger halten ihn.)

BEAUMARCHAIS. Blut! Blick auf, Marie, blick auf deinen Brautschmuck, und dann schließ deine Augen auf ewig. Sieh, wie ich deine Ruhestätte geweiht habe mit dem Blute deines Mörders! Schön! Herrlich!

(Sophie kommt.)

SOPHIE. Bruder! Gott! was gibt's?

BEAUMARCHAIS. Tritt näher, Liebe, und schau. Ich hoffte, ihr Brautbette mit Rosen zu bestreuen; sieh die Rosen, mit denen ich sie ziere auf ihrem Wege zum Himmel.

SOPHIE. Wir sind verloren!

CLAVIGO. Rette dich, Unbesonnener! rette dich, eh der Tag anbricht. Gott, der dich zum Rächer sandte, geleite dich. – Sophie – vergib mir! – Bruder – Freunde, vergebt mir!

BEAUMARCHAIS. Wie sein fließendes Blut alle die glühende Rache meines Herzens auslöscht! wie mit seinem wegfliehenden Leben meine Wut verschwindet! *(Auf ihn losgehend.)* Stirb, ich vergebe dir!

CLAVIGO. Deine Hand! und deine, Sophie! Und Eure!

(Buenco zaudert.)

SOPHIE. Gib sie ihm, Buenco.

CLAVIGO. Ich danke dir! du bist die Alte. Ich danke euch! Und wenn du noch hier diese Stätte umschwebst, Geist meiner Geliebten, schau herab, sieh diese himmlische Güte, sprich deinen Segen dazu, und vergib mir auch! – Ich komme! ich komme! – Rette dich, mein Bruder! Sagt mir, vergab sie mir? Wie starb sie?

SOPHIE. Ihr letztes Wort war dein unglücklicher Name! Sie schied weg ohne Abschied von uns.

CLAVIGO. Ich will ihr nach, und ihr den eurigen bringen.

(Carlos. Ein Bedienter.)

CARLOS. Clavigo! Mörder!

CLAVIGO. Höre mich, Carlos! Du siehst hier die Opfer deiner Klugheit – und nun, um des Blutes willen, in dem mein Leben unaufhaltsam dahinfließt! rette meinen Bruder –

CARLOS. Mein Freund! Ihr steht da? Lauft nach Wundärzten!

(Bedienter ab.)

CLAVIGO. Es ist vergebens. Rette! rette den unglücklichen Bruder! – Deine Hand darauf! Sie haben mir vergeben, und so vergeb ich dir. Du begleitest ihn bis an die Grenze, und – ah!

CARLOS *(mit dem Fuße stampfend)*. Clavigo! Clavigo!

CLAVIGO *(sich dem Sarge nähernd, auf den sie ihn niederlassen)*. Marie! deine Hand! *(Er entfaltet ihre Hände und fasst die rechte.)*

SOPHIE *(zu Beaumarchais)*. Fort, Unglücklicher! fort!

CLAVIGO. Ich hab ihre Hand! Ihre kalte Totenhand! Du bist die Meinige – Und noch diesen Bräutigamskuss! Ah!

SOPHIE. Er stirbt. Rette dich, Bruder!

BEAUMARCHAIS *(fällt Sophien um den Hals)*.

SOPHIE *(umarmt ihn, indem sie zugleich eine Bewegung macht, ihn zu entfernen)*.

Zu dieser Ausgabe

Der Text dieser Ausgabe folgt:

> Goethes Werke. Festausgabe. Herausgegeben von Robert Petsch. Sechster Band: Dramen II. Leipzig: Bibliographisches Institut, [1926].

Orthographie und Interpunktion wurden behutsam modernisiert.

Nachwort

Goethe sah in der »poetischen Beichte«, der öffentlich einbekannten Verfehlung und ästhetisch bewältigten Schuld, das Instrument, womit er sich selbst Absolution zu erteilen vermochte, die das Publikum durch Akklamation bekräftigen sollte. Das Geständnis coram publico war eine signifikante Äußerungsform von Subjektivität in der Epoche; der Mensch wird in ihr festgestellt als das Wesen, das sich in Geständnissen definiert. »L'homme, en Occident, est devenu une bête d'aveu« (Michel Foucault). Die literarische Rekonstruktion einer Lebensgeschichte als geordnetes und sinnvolles Kontinuum von Erlebnissen (strukturiert durch die Entwicklungsidee) und ihre Veröffentlichung in der Autobiographie oder die intimen Bekenntnisse, die – in Briefen fixiert – eine spezifische Textkultur entstehen lassen, all dies entspringt der sich bewusstwerdenden Subjektivität, der durch Montaigne, Pope und Vico vorbereiteten, bei Rousseau durch exzentrisches Pathos erzwungenen Einsicht in die Individualität, in die Singularität des Ich. Rousseau und Beaumarchais haben auf je besondere Weise durch Konfessionen und Geständnisse eine literarisch evozierte Justiz des Publikums geschaffen. Der nachmalige Autor von *Figaros Hochzeit* und *Der Barbier von Sevilla*, Pierre Augustin Caron de Beaumarchais (1732–1799), dessen Memoiren die Hauptquelle für Goethes *Clavigo* darstellen, hatte die bemerkenswerte Vorliebe, Privatangelegenheiten zu öffentlichen Skandalen umzufunktionieren und durch revolutionäre Attitüde zu nobilitieren, Persönliches, gar Intimes in Gerichtsprozessen öffentlich zu verhandeln und zu erledigen. Autobiographien, Tagebücher oder Briefe gehören zu den literarischen Gattungen, mittels derer ein Autor gegen sich selbst ein Gericht einberufen kann, von welchem er erhofft, durch das Judex-Publikum freigesprochen zu werden. Empfindsame Bekenntnisse und seelenzergliedernde Selbstenthüllungen waren nach der pietistischen Selbstrechtfertigung gegenüber Gott zur Form publizistischer Selbstverhandlung säkularisiert worden. Geständnisse machen nicht nur ein – wie auch immer stilisiertes – individuelles Dasein transparent, sie führen im Selbstgericht zu »selbstquälerischer Büßung«, wie Goethe es in *Dichtung und Wahrheit* (12. Buch) nennt in der Auskunft über die autobiographische Voraussetzung des *Clavigo*, den eigenen Treuebruch gegenüber Friederike Brion. »[...] zu der Zeit, als der Schmerz über Friedrikens Lage mich beängstigte, suchte ich, nach meiner alten Art, abermals Hülfe bei der Dichtkunst. Ich setzte die hergebrachte poetische Beichte wieder fort, um durch diese selbstquälerische Büßung einer innern Absolution würdig zu werden. Die beiden Marien in ›Götz von Berlichingen‹ und ›Clavigo‹ und die beiden schlechten Figuren, die ihre Liebhaber spielen [Weislingen, Clavigo], möchten wohl Resultate solcher reuigen Betrachtungen gewesen sein.« Zudem bereiten Geständnisse aber auch Genuss durch imaginierte, fiktive Wiederholung. Die Dialektik des Geständnisses ist Ausdruck der Distanzierung vom eigenen Tun und gleicherweise Legitimation seiner Wiederholung in öffentlicher und allgemein sanktionierter Form. Der Autor kann sich gewissermaßen vor den Augen der Welt entlasten und in eins damit ungezwungen in der literarisch fingierten Wiederholung das Eingestandene genießen. So kommt es zuletzt weniger auf den Freispruch an, den er erwirken will, als auf die Lizenz zur Reproduktion einer Tat in der Rede-Handlung, die durch die Instanz des Publikums gerechtfertigt ist: Befreiung und Entlastung werden nicht vornehmlich gewonnen aus dem Eingeständnis der Schuld, sondern aus der ritualisierten Form der Wiederholung des Verschuldeten. Jede Reue verdächtigt sich deshalb durch den Vorbehalt, sie diene dem abermaligen Genuss des Verbotenen in einem öffentlich vollzogenen Ritual: Geständnisse stellen die Frage nach Authentizität und Aufrichtigkeit. Das literarische Selbstgericht kann zu einer narzisstischen Befriedigung, zu einem Vehikel des Selbstgenusses werden, der umso exzessiver sich realisiert, je mehr die anklagende und bekennende Selbstoffenbarung sich mit Schuld- und Gewissensqualen belastet. In derartigen Konfessionen wird zuvörderst aber die Individualität behauptet, werden Neigungen erkundet, Freiräume erkämpft und Rollen erprobt. Ein Beispiel für solch öffentliche Selbstdarstellung in einem literarischen Tribunal ist der *Clavigo*, wobei Goethe gelingt, was seinem Helden im Stück versagt bleibt, nämlich seinen ästhetischen Egoismus zu neutralisieren, indem die eigene Lebensproblematik durch den Text scheinbar getilgt wird, da sie in eine Gestalt transponiert wurde, in der Eigenes neben dem allgemeinen Interesse am Gegenstand und an den epochalen Konventionen verschwindet; er entlastet sich durch ein normiertes Paradigma. Für Clavigo wird das gegen ihn bestellte Gericht zum Verhängnis, für Goethe dagegen zur Selbstreinigung, Entlastung und Befreiung. Indem Clavigo durch das Drama verurteilt wird, spricht sich der Autor von vergleichbarer eigener Schuld los. Er stellt sich damit auf den Boden der vorherrschenden sittlichen Anschauungen und verdeckt sein eigenes Tun, bringt sein Leben wieder ins Reine, ohne des Genusses am eigenen Selbst – trotz öffentlicher Preisgabe – entraten zu müssen. Gegenüber dem doppelten Meineid seines Titelhelden erscheint seine Treuelosigkeit gegenüber Friederike ohnehin als harmlos. Goethe bewältigt im *Clavigo* dramatisch, was der Titelfigur in ihrem isolierten Dasein verwehrt bleiben muss. Die Regelmäßigkeit der Form des *Clavigo*-Dramas erweist sich als geboten, um der Seelenwirrnis Herr zu werden. Geständnisse können, insofern sie einen Bruch mit moralischen Normen voraussetzen und den Beschuldigten isolieren, eine kommunikative Bewältigung der angeprangerten Sachverhalte ermöglichen. Insbesondere dialogische Geständnisse erlauben eine Bewältigung, da Diskursivität und Intersubjektivität die Aufarbeitung stützen: aus der Dialogizität der Konfession erwächst ein Bewältigungspotential. Monologische Geständnisse hingegen signalisieren Isolierung, die Unheilbarkeit eines Bruches mit einer Norm, verschärfen die Opposition von Individualität und substantieller Ordnung und münden in die tragische Lösung des Konflikts durch den Tod des Insultanten. Beide Formen des Geständnisses finden sich im *Clavigo*, wenn auch die tragisch-monologische zuletzt dominiert. Diskursive Leidenschaftsbewältigung durch Geständnisse wird dann notwendig, wenn tradierte Normierungen fragwürdig geworden sind und demzufolge der Einzelne schutzlos sich selbst überlassen bleibt. Im *Clavigo* wird entsprechend der Zusammenhang von Geständnis und Ethik formuliert, so in Carlos' These, dass der exzeptionelle Mensch einer von der gemeinen sich absetzenden Ethik unterstehe, dass das Genie sich selbst seine Regeln gebe.

Clavigo als Höfling – vehemente Kritik an Höflingen ist ein Generalthema im Sturm und Drang – wird durch seine soziale Rolle zu einem besonderen Affektverzicht genötigt, den die Hofgesellschaft vorschreibt. Als Abhängigem ist ihm deshalb eine rigide Disziplinierung und Domestizierung seiner Affekte geboten, so dass schließlich die Fremdregulierung als Selbstregulierung adaptiert wird: Das Affektverbot konkretisiert höfische Verhaltensformen und erklärt sich aus dem sozialen Status des Clavigo. Unter diesem Gesichtspunkt wird sein Verzicht auf Marie – angestachelt durch den »reinen Weltverstand« (Goethe) des Carlos – weniger als persönlicher Treuebruch denn als Mechanismus erklärbar, der der Höflings-Rolle eingeschrieben ist. Der Bürgerkrieg der Leidenschaften in Clavigos Seele wird von Goethe nicht als ein Exempel der Ars erotica, der Technik der Befriedigung und Erprobung von Praktiken zum nämlichen Zweck, ausgeführt, sondern als Beitrag zur Scientia erotica, dem Verfahren diskursiver Bewältigung von Affekten.

In den Rahmen der Geständnisse fügen sich verschiedene Oppositionen, die in dem dramatischen Vorgang entfaltet werden. Man trifft zunächst auf das Thema der Treue. Es wird auf intime Beziehungen gemäß bürgerlichen Moralvorstellungen bezogen, und es wird im Zusammenhang mit Individualität verhandelt. Letzteres veranschaulicht die Maxime des Polonius in Shakespeares *Hamlet*, die er seinem Sohne mit auf den Weg gibt: Vor allem anderen gelte es, sich selber treu zu sein. Treue zu sich selbst steht im Zusammenhang mit gesicherter Identität; Beständigkeit erst lässt einen Charakter, eine Individualität entstehen. Das Schwankende und Unentschiedene, die »schwankenden

Gestalten«, sind ein ästhetisches und individuelles Grundmotiv Goethes, das in verwandter Form auch in den naturwissenschaftlichen Betrachtungen wieder hervortritt. Clavigo und der Weislingen des *Götz* legen für den bestimmbaren und unbeständigen Charakter exemplarisch Zeugnis ab. Beide erscheinen innerlich verwandt, in ihrer Schwäche und Passivität vergleichbar. Auf einen wesentlichen Unterschied beider Figuren soll hier aufmerksam gemacht werden. Während sich Weislingen ausschließlich am Äußeren orientiert, außengesteuert ist, erscheint Clavigo in sich selbst gespalten, da er gleicherweise seinen empfindsamen Neigungen wie seinem Ehrgeiz ausgeliefert ist. Weislingen entwickelt keine Vorstellungen von einem zukünftigen Lebensweg, die in sich widersprüchlich und unlösbar wären. Goethe bemerkte in dem Brief an Schönborn vom 1. Juni 1774: »Dann hab ich ein Trauerspiel gearbeitet, ›Clavigo‹, moderne Anekdote dramatisiert mit möglichster Simplizität und Herzenswahrheit; mein Held, ein unbestimmter, halb groß, halb kleiner Mensch, der Pendant zum Weislingen im ›Götz‹, vielmehr Weislingen selbst in der ganzen Rundheit einer Hauptperson; auch finden sich hier Szenen, die ich im ›Götz‹, um das Hauptinteresse nicht zu schwächen, nur andeuten konnte.« Bei Clavigo unterstützt Beaumarchais die Neigungen des »Herzens«, Carlos die Pläne des »Kopfes«, so dass die Konstellation des Dramas als Zwiespalt an der Hauptfigur selbst erscheint. Clavigo, schreibt Staiger, »tritt als berühmter Schriftsteller auf, und seine Treulosigkeit hängt aufs engste mit seiner Schriftstellerei zusammen. Die Liebe zu Marie Beaumarchais hat sein Talent entfaltet. In ihrer Nähe hat sein Stil das ›jugendlichblühende Ansehen‹ gewonnen, das Carlos rühmt, Clavigos

Freund, der Marie doch nicht gewogen ist und alles tut, um eine Erneuerung seiner Liebe zu verhindern. Das ganze Unheil kündigt sich schon in diesen ersten Sätzen an. Es geht nicht *ohne* die große Liebe, und *mit* der Liebe geht es auch nicht. Der Künstler wächst als Liebender und wächst über die Geliebte hinaus. Was anfangs beseligende Entdeckung neuer Bereiche des Herzens war, wird zum Besitz, wird selbstverständlich; und unruhig macht der Mann sich auf und zerrt an dem Band, das zur Fessel geworden. Dann aber gerät er zunächst ins Leere. Er schaltet mit fertigen Stücken aus dem Schatz verjährter Eingebungen. Er schminkt seine Sprache, um den Schein der Jugendfrühe zu bewahren, und lernt die klägliche Rolle des Literaten, der sich selbst und andere eine Zeitlang täuscht und blendet. Auf dieser Stufe steht Clavigo. Man sieht: obwohl er eine Zeitschrift im Geiste des *Spectator* herausgibt und eigentlich nur das Richtige, Allgemeingültige treffen und festlegen müßte, ist er auf Originalität erpicht und bleibt, wie der junge Goethe, auf die Gunst des Augenblicks angewiesen. Eine neue Liebe, die ihn, wie die erste, überraschte und allem Gewohnten entrückte, könnte ihn retten von seiner Falschmünzerei.«[1]

Die Liebe zu Marie bedeutete für Clavigo die Einleitung zu einer Entwicklung, die selbst seinen Stil als Autor verwandelte; die Geliebte als Muse war von seinen ehrgeizigen literarischen Plänen durchaus nicht zu trennen. Erst als sich die konkrete Lebensform als abhängig erweist von seiner Intimbeziehung, kommt es zum Konflikt. Unentschlossen steht er als »kleiner Mensch« am Scheideweg: Soll

1 Emil Staiger, *Goethe*, Zürich / Freiburg i. Br. ^{4}1964, S. 176 f.

er sich für ein bürgerlich stilles Leben in häuslichen Freuden entscheiden, das durch beruhigende Beschränkung einen »ehrlichen Kerl« aus ihm macht, oder soll er den Verlockungen der Ehre, der Macht und Größe nachgeben, der Erweiterung seines Selbst durch ein großes Gefühl, das nur die Verpflichtung für das Ganze kennt? (Vgl. S. 53f..) Aber selbst der glühende Ehrgeiz des Parvenüs reißt ihn nicht los von der Erinnerung an die Besänftigung seiner Seele durch Maries Liebe. So ist sein Schwanken durch das heftige Wollen von Unvereinbarem hervorgerufen worden, wobei jedes Streben durch die andere Neigung gelähmt wird. Bestimmbar geworden und gehemmt, mangelt es ihm an Intensität und Wollen; Carlos als »Vormund« nimmt ihm die Entscheidung ab – ein Umstand, der sich ähnlich im Verhältnis von Tasso und Antonio abzeichnen wird. Alles fehlt Clavigo demnach zu einem titanischen Gepräge, zu einer genialischen Kraftnatur, wie Götz es ist. Seine Indolenz entspringt aber nicht einem blassen Naturell, sondern der gegenseitigen Einschränkung seiner Triebe nach Geltung in der Welt und nach privatem Glück, die durch ihren Kampf das Individuum in Unbestimmtheit überführen.

Durch die schließliche Abwendung von Marie verzichtet er auf die ihm bisher wohltätigen Empfindungen und Gefühle, verschreibt er sich rücksichtslos dem Erfolg und der Arrivierung: er will seiner Literatur leben, ohne sich selbst in empfindsamen Verhältnissen zu erleben. Diese Ausrichtung sondert ihn vom Leben ab, so dass seine Literatur sich künftig der subtilen Psychologie und der Introspektion entschlagen muss. Als Erfolgsschriftsteller wird er sich gezwungen sehen, menschliche Beziehungen zu schematisieren. Die komplexe Beziehung von Empathie und Identität wird somit zur Reflexion über die Bedingungen literarischer Produktion erweitert.

Goethe zeichnete in Clavigo keinen Bösewicht oder leichtsinnigen Verführer – wie es Beaumarchais in seinen Memoiren getan hatte –, denn Clavigos gesellschaftlichem und schriftstellerischem Ehrgeiz liegen durchaus respektable Motive zugrunde. Er will als Wissenschaftler und Autor zur allgemeinen Erziehung und zur Geschmacksbildung des Publikums beitragen (»Ich muss unter dem Volke noch der Schöpfer des guten Geschmacks werden«), will also seinen Teil zur Menschheitsentwicklung in aufklärerischer Absicht liefern. Ebenso wenig kann Carlos – Goethes mephistophelischer Freund Johann Heinrich Merck stand für ihn Modell – als bloße Intrigantencharge interpretiert werden, denn Freundschaft zu Clavigo ist dem rationalistischen Misanthropen Antrieb zum Versuch, den »lebhaften empfindlichen Charakter« zu lenken (S. 45). Er erkennt Clavigos gemischte Empfindungen[2], und er will ihn auf die Bahn öffentlicher Wirksamkeit ziehen. Gerade den Entwicklungsgang des Freundes sucht er dergestalt zu fördern, dass er seine eigenen Ideale exekutieren kann, die er für unumstößlich hält; ihn will er zur Rolle des Volkserziehers erheben, der sich liebend mit der Menschheit vereint, während er sich selbst für eine solche Rolle für zu eingeschränkt im kühlen Räsonnement glaubt. Insofern ist ihm Freundschaft ein Mittel zum Zwecke der Verwirklichung seiner Vorstellungen; da diese für ihn unverbrüchliche Geltung besitzen, muss ihm die Wandlung und Festigung der Über-

2 »Vermischte Empfindungen« ist ein Zentralbegriff der Mendelssohn'schen Schrift *Über die Empfindungen* (1755).

zeugungen des Freundes als dessen Weg zur Einsicht in die Wahrheit erscheinen. Carlos wird ausschließlich durch Vernunftgründe geleitet; Clavigo ist von empfindsamer Wesensart. In ihrem Verhältnis kann der Widerspruch von Vernunft und Gefühl, von Rationalität und Leidenschaft, von Prinzip und Stimmung entdeckt werden, damit wird aber die Opposition von Aufklärung und Empfindsamkeit in einem wichtigen Aspekt mitthematisiert. Statt Vergnügen an sich selbst und statt eines Glücks, das in den Menschen selbst ruht (S. 45), will Carlos die »attrattiva« des Freundes, die »Gabe, alle Menschen an sich zu ziehn«[3], in den Dienst aufklärerischer Pädagogik stellen.

Dementsprechend fällt Carlos' Beurteilung der Wechselbeziehung von Eros und Intellektualität wie von galantem Abenteuer und Ehe aus. Ehelich kann man sich nur binden, wenn die Frau durch ihre außerordentliche Schönheit den Mann adelt, wenn sie der Repräsentation dient oder durch sie der energische Mann zum Stammvater eines Herrschergeschlechtes zu werden vermag. Eignet sich eine Frau weder zum einen noch zum anderen – wie Marie, die wie eine »verdächtige Ware« (S. 39) behandelt wird –, so sollten die Beziehungen der Geschlechter mit einem reizvollen Abenteuer ihr Bewenden haben. Für Carlos müssen Frauen als Statussymbol des Mannes in der Ehe herhalten oder als Mittel zur Begründung seiner Herrschaft (vgl. S. 51). Frauengeschichten werden im *Clavigo*, im *Götz* oder in *Stella* als Leidensgeschichten erzählt, wie überhaupt alle empirischen Geschichten Passionen beinhalten (im Ge-

3 So formuliert Goethe im Hinblick auf Egmont in *Dichtung und Wahrheit*, 20. Buch.

gensatz zur Freiheit systematischer Texte). Die Haltung von Carlos wird an dieser Stelle fragwürdig, da er die Empfindungen Maries nicht achten will und dadurch schließlich – wenn auch ungewollt – den tragischen Ausgang verursacht.

Der *Clavigo* entstand innerhalb von acht Tagen im Mai 1774, kurze Zeit nach Vollendung des *Werther*. Im Februar desselben Jahres war der vierte Teil der *Memoiren* von Beaumarchais erschienen, in dem er seine Reise nach Spanien schildert, wo er dem Archivar und Journalisten José Clavijo y Fajardo (um 1730–1806) eine Ehrenerklärung – nach gebrochenem Eheversprechen – zugunsten seiner Schwester abgetrotzt hatte. Dies wurde von Goethe fast wörtlich aus den *Memoiren* in den zweiten Akt übernommen. Beaumarchais berichtet dies alles in selbstgefälliger, zuweilen propagandistischer Manier und mit geschliffener Eloquenz. Als der historische Clavigo dann wiederum wortbrüchig wird, gelingt es Beaumarchais, gegen ihn Stimmung zu machen, so dass er aus seiner Stellung entlassen wird (später erfolgte die Rehabilitierung). Seinen Besuchern gegenüber pflegte jener zu erwähnen, dass er schon oft auf Deutschlands Bühnen gestorben sei. Beaumarchais hatte Goethes Drama noch 1774 in Augsburg (die Uraufführung fand am 23. August 1774 in Hamburg statt) gesehen und war entsetzt, dass er im Schauspiel zum »rasenden Tier«, zum blutigen Rächer, der im Vernichtungsrausch taumelt, umgestaltet worden war. Goethe hatte aus den *Memoiren* im Kreise junger Leute in Frankfurt vorgelesen, die sich zum Mariage-Spiel zu treffen pflegten, bei dem jedem Teilnehmer ein Losgatte auf Zeit bestimmt wurde. Der Aufforderung seiner Losgattin, Anna Sibylla

Münch, aus dem vorgetragenen Text ein Schauspiel zu machen, kam Goethe geschwind nach.

Die Bühnenwirksamkeit des *Clavigo* ist unbestritten; nach der Kritik an der Unaufführbarkeit des *Götz* (insbesondere von Herder) wollte Goethe seinen Tadlern zeigen, dass es durchaus an ihm liege, ob er die dramaturgischen Regeln – und das waren für sein Publikum immer noch die der klassischen französischen Tragödie – beachten wolle oder nicht. Der *Clavigo* ist ein »Drama fürs Aufführen«, wie Goethe in einem anderen Zusammenhang einmal bemerkte. Das Tempo der Ausführung veranlasste ihn, später zu Eckermann zu sagen: »In der Zeit meines ›Clavigo‹ wäre es mir ein leichtes gewesen, ein Dutzend Theaterstücke zu schreiben; an Gegenständen fehlte es nicht, und die Produktion ward mir leicht; ich hätte immer in acht Tagen ein Stück machen können, und es ärgert mich noch, daß ich es nicht getan habe« (26. Juli 1826). Das Trauerspiel ist der aristotelischen Poetik verpflichtet und formaler Kontrapunkt zum *Götz von Berlichingen*; als Muster diente Lessings *Emilia Galotti*. Die Schlussszene des fünften Aktes mit ihrer düsteren Stimmung und der todessüchtigen Vereinigung der Liebenden wurde durch eine englische Ballade angeregt.[4] Durch die Kontamination literarischer Vorlagen maskierte sich der Autor und verhüllte sein Geständnis durch den Schein der Fiktion.

Helmut Bachmaier

4 Vermutlich auch durch ein elsässisches Volkslied. Daneben gibt es Anklänge an das 20. Kapitel von Voltaires *L'Ingénu* (»Die schöne Saint-Yves stirbt, und was darauf folgt«) und an den Wortwechsel zwischen Hamlet und Laertes an Ophelias Grab.

Inhalt